Bergisches Weihnachtsbuch

von Egon Viebahn

Impressum:

© 1998 J. F. Ziegler KG, Druckerei und Verlag, Remscheid
Verlag: RGA-Buchverlag, Remscheid
Titelbild: Büngershammer im Gelpetal, um 1906 (Sammlung Viebahn)
Titelgestaltung: Heike Husemann
Texte: Egon Viebahn, Remscheid
Layout: Jochen Marquard, Remscheid
Koordination: Klaus Michel, Remscheid
Gesamtherstellung: RGA-Druck, Remscheid

ISBN 3-923495-54-4

Inhaltsverzeichnis

Vorwort

Das Bergische Weihnachtsbuch wendet sich an das Gemüt. Es versucht, das schönste und innigste deutsche Fest in Wort und Bild darzustellen. Einige Artikel erschienen bereits in der Tagespresse, vor allem im Remscheider General-Anzeiger.

Geschichten und Erlebnisse, die mir von den Alten berichtet wurden, sind hier wiedergegeben, Erzählungen sowie sachlich-fachliche Berichte stehen in diesem Band.

Die Bilder sollen Stimmungen hervorrufen. Sie stammen vorwiegend aus meiner Sammlung und aus Privatbesitz. Denen, die sie mir zur Verfügung stellten, gilt mein Dank.

Möge das Bergische Weihnachtsbuch allen Freude bereiten, die sich in der heutigen Zeit mit ihrer Reizüberflutung ein Stück Weihnachts-Romantik bewahrt haben.

Remscheid, im November 1998

Egon Viebahn

Heili, der Weihnachtswunderhund

Seit Tagen hatte es geschneit. Unser Bergisches Land lag unter einer tiefen Schnee-
decke. Da heute Heiligabend war, wurde die sonst nicht so gerne gesehene „weiße
Pracht" hingenommen, denn Weihnachten ohne Schnee ist wie eine feine Fleischsuppe
ohne Salz. Man schrieb das Jahr 1908. Die deutsche Wirtschaft florierte. Nach den
Berichten war die im ausgehenden 18. und im 19. Jahrhundert führende Industrienation
England vom Deutschen Kaiserreich bereits seit einigen Jahren überflügelt worden.
Vielen ging es gut, zumindest besser als vor einigen Jahrzehnten. Der gelernte Werk-
zeugschmied Otto Lauterbacher, dessen Großvater als Junge aus Hessen in unsere Berg-
landschaft gekommen war, hatte es durch Fleiß zu bescheidenem Wohlstand gebracht.
Vier Gesellen standen in seiner Werkstatt, die er nur Schmiede nannte, um Gewinde-

*Die Remscheider Stadtkirche
während der Weihnachtszeit in
den 20er Jahren unseres
Jahrhunderts.
Das direkt an der Kirche gelegene
Haus wurde 1930 abgerissen.*

schneideisen, sogenannte Kluppen, anzufertigen. Ein eigenes verschiefertes Fachwerkhaus mit Hof und Garten waren sein ganzer Stolz.

Seit zwölf Jahren war er mit einer Tochter aus alter bergischer Familie verheiratet. Seine Ehe galt als vorbildlich. Er liebte seine Mina sehr. Nur eines betrübte ihn zuweilen, denn er konnte nicht mit einer Schar von Kindern – wie damals üblich – auftrumpfen. Seine Mina hatte ihm vor neun Jahren „nur ein zartes Mädchen" geboren, wo sich doch beide auf einen Sohn versteift hatten, der Christian heißen sollte. Das Mädchen erhielt den Namen Christine, ein anderer fiel den enttäuschten Eltern nicht ein!

Die hellblonde Christine war ein Sorgenkind: oft krank und in der Schule unaufmerksam, zu verträumt. Märchen liebte sie über alles. Traum und Tagesgeschehen gingen bei ihr eine – wie der Vater resignierend sagte – ungute Verbindung ein. Die Eltern hingen sehr an ihrem einzigen Kind. Christine, dies machte sie so sympathisch, äußerte nie materielle Wünsche, abgesehen von Kinderwünschen zu Weihnachten. „Das geht nicht von Papas Geldbeutel", meinte sie treuherzig, „die Geschenke bringt ja das Christkindchen."

In diesem Jahr hatte die Mutter, was selten vorkam, einen Wunsch: Sie wollte am Heiligen Abend unbedingt am Gottesdienst teilnehmen. Otto Lauterbacher war, wie viele Männer im Bergischen in jenen Tagen, nicht gerade davon begeistert. Aber was macht ein „geplagter" Ehemann und Vater nicht alles? Also willigte er ein. Nun wissen wir ja, daß Christine eine lebhafte Phantasie besaß. Seit Tagen hatte sie sich vorgestellt, daß der Tannenbaum vor der Haustür am Christabend mit brennenden Kerzen geschmückt wäre. Als sie dies der Mutter erzählte, meinte sie, das ginge nicht, der Wind werde alle Kerzen ausblasen. Christine aber, beim letzten Schulzeugnis mit mäßigen Noten bedacht, wußte einen Ausweg: „Wenn eine Stallaterne vor dem Tannenbaum (mit den bizarren Eiszapfen und dem gefrorenen Schnee) leuchten würde, müßte das am Heiligabend auch gut aussehen!"

So stand am Heiligen Abend als Otto Lauterbacher mit dem Schlittengespann (Pferde waren sein Steckenpferd) vor dem Hause hielt, um Frau und Tochter, beide wohlvermummt, aufzunehmen, eine Stallaterne mit ihrem milden Licht vor dem Tannenbaum. Die Mutter und Christine, gerade auf dem kalten Schlitten sitzend, hörten, wie Otto Lauterbacher einen fürchterlichen Fluch ausstieß – und das an diesem Abend! Saß doch ein „gottserbärmlich abgemagertes Hundevieh", wie es der Werkzeugschmied nannte, zitternd vor Kälte, an der Stallaterne. Es war wohl eine Mischung aus Pudel, Dackel und Spitz und noch anderen Hunderassen.

Otto Lauterbacher war kein Hundefreund. Im Alter von sieben Jahren hatte ihn ein Dobermann böse zugerichtet. Das Ereignis verfolgte ihn bis heute. Christine hatte tiefes Mitleid mit dem Tier. Seine Augen, die treuen, waren bittend auf sie gerichtet. Zornig ob des frechen „Köters" schwang der Vater die Peitsche, um ihn vom Grundstück zu verjagen. Während der Fahrt, es war sternenklar und bitterkalt, dachte das Mädchen nur an den Hund.

Auch während des feierlichen Weihnachtsgottesdienstes, ja, sogar beim „Heiligabend-Vaterunser" waren ihre Gedanken bei ihm: „Wäre er doch noch bei der Stallaterne, wenn wir nach Hause kommen."

Als der „Klingelbeutel" herumgereicht wurde, faßte Otto Lauterbacher an die Manteltasche, wo seine Geldbörse steckte. Doch, o Schreck, er hatte sie verloren. Die Weihnachtsstimmung sank bei ihm auf den berühmten Nullpunkt: „Schnell nach Haus." Die gute Stute Erna, die über eine Stunde reglos in der frostigen Luft gestanden hatte, brauchte nicht angetrieben zu werden. Schneller als auf der Hinfahrt sahen unsere drei den angehellten Tannenbaum. Als das Pferd zum Stehen kam, lief der von Lauterbacher so verwünschte bräunliche Hundebastard auf das Gefährt zu und – Vater Otto schaute ungläubig hin – hatte in der Schnauze das verlorengeglaubte Portemonnaie: mit den fünf Goldstücken zu je 20 Mark und dem Kleingeld. Otto Lauterbacher war gerührt. Ein Hund konnte etwas Gutes tun? Er streichelte den Hund, was dem sichtlich wohltat, und der wie selbstverständlich von Mutter und Tochter mit ins Haus genommen wurde. Fleischreste, Kartoffeln, Gemüse: alle vorhandenen Speisereste wurden der hunrigen Hündin vorgesetzt. Sie fraß alles. Einmal gesättigt, wich sie Christine nicht mehr von der Seite.
Als das Pferd versorgt war, trat der Werkzeugschmied

Die Lenneper Stadtkirche
vom Munsterplatz aus fotografiert,
und zwar im Jahre 1981.

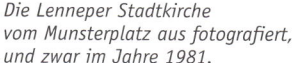

in die Küche. „Vater, darf ich den Hund behalten?"
Der kämpfte sichtlich mit sich, sah in die hoffnungs-
vollen Augen seiner Frau, in die bittenden seiner
Tochter, in die treuen des Hundes. Von seinen Lippen
kam das „Ja" langsam und gequält. So richtig paßte
ihm das nicht. Ein glückliches „Gott sei Dank" der
Mutter, der Jubel des Kindes und ein fröhliches Bellen
folgten.

Die Lauterbachers bescherten am Heiligen Abend. Das
taten zu dieser Zeit bei uns die sogenannten Vor-
nehmen im Gegensatz zur Bevölkerungsmehrheit, und
Otto Lauterbach wollte zu denen da oben gehören.
Schnell war nun das Christkindchen zur Stelle. Sie
betraten mit dem Hund die Weihnachtsstube. „Der
kerzenerleuchtete Tannenbaum, selbst die vor wenigen Stunden noch heißgewünschte Puppe mit den
langen Zöpfen, die Christine auf den Namen Rosi taufen wollte, sanken zur Nebensache herab. Sie hatte
endlich eine Freundin gefunden: Die wie ein Geschenk
zugelaufene Hündin.

Diese wirkte mehr als alle Medizin und alle Ermah-
nungen auf die schüchterne, verträumte, und wie der
Lehrer glaubte, nicht intelligente Christine. Bereits

Die Lüttringhauser Kirche im
Weihnachtsmonat 1981.

In welche Kirche Otto Lauterbacher mit
seiner Familie am Heiligen Abend ging,
das bleibt der Phantasie des Lesers
überlassen.
Bei der Heimkehr lief ihnen der Hund
zu, den seine Tochter Heili nannte
(zu „Heili, der Weihnachtswunderhund"
und Abb. 1–3).

nach wenigen Wochen wurden ihre Leistungen in der Schule merklich besser. Klassen-kameradinnen suchten ihre Freundschaft. Otto Lauterbacher meinte nach einiger Zeit, der Hund, der zuerst Heiligabend genannt wurde, dann abgekürzt Heili, weil er am Heiligen Abend auftauchte, habe Wunder vollbracht.

Die Tochter Christine und der Hund hingen sehr aneinander. Doch wenn Christine in der Schule fleißig das kleine Einmaleins paukte, ging Heili nach Hundeart ihre eigenen Wege. So beehrte sie auf ihren Streifzügen stets ein kleines Haus am Ortsrand, wo in zwei engen Zimmern eine junge Witwe mit ihren drei noch nicht schulpflichtigen Kindern wohnte. Hier bekam Heili keine Hundedelikatesse, wie es oft üblich ist, wenn diese Vierbeiner zu bestimmten Zeiten irgendwo erscheinen. Nein, Heili wurde dort gut unterhalten, Mutter und Kinder toll-ten mit dem zutraulichen Hund fröhlich herum.

Die Witwe, deren Mann vor knapp einem Jahr durch einen zerspringenden mannshohen Schleifstein zu Tode kam, war bitter arm. Das jüngste Kind kam erst Monate nach dem traurigen Ereignis zur Welt. Eine in Aussicht gestellte kleine Unterstützung ließ auf sich warten. Mit Waschen und Putzen in frem-den Häusern bewahrte sie ihre Kinder mühevoll vor dem Hunger. Kartoffeln, wenig Schwarzbrot und viel Gemüse, das Nachbarn ihr aus eigenen Gärten überließen, waren die täglichen Nahrungsmittel, Fleisch, Wurst und Käse kannte die vaterlose Familie nicht. Heilis Hundefutter konnte dagegen als Festtagsmahl bezeichnet werden.

Seit Ende Oktober kränkelte die Witwe; sie konnte nicht mehr „schlappen gehen" (eine saure, mühevolle Arbeit verrichten). Schmalhans wurde Küchenmeister, Mutter und Kinder kannten das Gefühl des Sattseins kaum mehr.

Für Weihnachten hatte die Witwe für ihre Kinder einige Äpfel und Nüsse besorgt. Das war alles, was die Kinder zu erwarten hatten. Sauerkraut mit einem viertel Pfund einfachen Speck sollte das Weihnachtsessen werden.

Heili muß die traurige Lage ihrer Freunde gespürt haben, denn anders ist ihr Verhalten am Heiligen Abend nicht zu erklären. Während viele Kerzen im zimmerhohen Tannenbaum des Werkzeugschmiedes Lauterbacher die Weihnachtsstube erhellten, lag sie neben einem kleinen Frühstückskorb mit ausgesuchten Feinkost-Lebensmitteln, der in der Nähe des Weihnachtsbaumes auf dem Fußboden stand. Als der Hausherr das Zimmer verließ, um einen stillen Ort hinter dem Haus aufzusuchen, schnappte Heili den Korb am Henkel und eilte, von der Familie unbemerkt, hinaus ins Freie. Ihr Weg führte zu dem windschiefen Fachwerkhäuschen, wo ihre Freunde wohnten. Sie stellte den Korb vor die Eingangstür und bellte, so laut sie es vermochte. Als die Tür aufging – kein Licht drang aus der Wohnung (Licht kostet Geld) –, lief sie, so schnell es ihre Beine in dem tiefen Schnee zuließen, heimwärts.

Die verwitwete junge Frau und ihre Älteste standen sprachlos und beglückt vor dem „Lebensmittel-Weihnachtswunder". Freudentränen standen in ihren Augen. „Das war die Heili", sprach nach einiger Zeit die Mutter. – „Das gute Tier schickte uns das Christkindchen", meinte die Tochter. Lange standen sie stumm, dann kam es gequält von den Lippen der Mutter: „Den Korb müssen wir Lauterbachers zurückbringen. Heili hat uns die Leckereien sicherlich nicht in deren Auftrag gebracht." – „O nein, o nein", sagte weinerlich das Töchterchen, „Mutter, sieh´ nur den saftigen Schinken, die knackige Plockwurst dort. Ich möchte gern einmal so etwas aufs Schwarzbrot haben und die Schnitten mit Butter bestreichen. Bitte Mutter, bitte." – „Kind, wir müssen es tun. Wir sind zwar arm, aber ehrlich, auch wenn´s weh tut. Paß du auf die Kleinen auf. Ich gehe sofort." Sie warf sich den gestrickten Umhang, der noch von der Großmutter stammte, um die Schulter – es war lausig kalt – und ging mit unsicheren Schritten, sie war ja krank und der kleine Frühstückskorb für sie schon schwer, auf Lauterbachers altes, aber gepflegtes Fachwerkhaus zu. Zitternd vor Kälte und Nervosität stand sie nun in der Diele. Man hatte das Verschwinden des Frühstückskorbes sowie Heilis „Ausbüxen" nicht wahrgenommen. Heili war außer Rand und Band: Sie heulte, bellte, rannte wild umher, sprang abwechselnd die Lauterbachers an, ihr Körper zitterte, endlich hockte sie vor Christine, winselte, und ihre Augen bekamen den „Bitte-bitte-Blick". „Nehmen Sie den Korb wieder mit. Er wird Ihnen guttun. Im Überfluß vergißt unsereiner oft die Darbenden", sagte Frau Lauterbacher. Dann packte sie der vor Verlegenheit geröteten Witwe Süßigkeiten für ihre Kinder ein, Tannenzweige, Kerzen und einige Briketts kamen noch hinzu, „damit Ihre Stube warm wird." Beglückt, ihren Lieben nun ein fröhliches Weihnachtsfest bereiten zu können, ging sie mit der munter bellenden Heili und dem Werkzeugschmied zu ihrer Behausung zurück.

Otto Lauterbacher trug die wertvolle Last. Sie war zu schwer für die junge, kranke Frau. Unterwegs begann es zu schneien, während aus der Ferne Glocken der umliegenden Kirchorte läuteten. Wer beschreibt die unendliche Freude: Weihnachtsduft in der Stube von Heilis Freunden. Ein Weihnachtswunder wie im Märchen war Wirklichkeit geworden. Ein dankbarer Blick auf das einzige Foto des so früh verlorenen Ehemannes: „Ob er wohl

aus der Ewigkeit heraus dieses Wunder angeregt hatte?" dachte die junge Mutter.

Heili lag am jetzt wieder Wärme ausstrahlenden Ofen der Witwe mit ihren Kindern. Sie war geblieben, obwohl Lauterbacher sie absolut mitnehmen wollte. Sie verweigerte den Gehorsam, denn schließlich – so muß man gerechterweise feststellen – war es ihr Tag, ihr Werk. Sie blickte wie gebannt in die glückliche Runde. Erst nach geraumer Zeit verließ sie die Freunde, war doch Lauterbachers Tochter ihre beste Freundin, und die durfte sie an solch einem bedeutenden Tag auch nicht ganz vergessen.

Heilis Tun hatte eine weitere gute Tat zur Folge. Auf ein dringliches Zureden Otto Lauterbachers brachte am ersten Feiertag der Schleifkottenbesitzer, in dem der junge Familienvater sein Leben verlor, der Witwe drei goldene Zwanzigmarkstücke. Otto Lauterbacher hatte auf Drängen seiner Frau den in der Nachbarschaft wohnenden hartgesottenen Schleifkotteninhaber aufgesucht. Es müssen harte Worte gefallen sein, denn Otto Lauterbacher, keineswegs von sensibler Wesensart, mochte nach diesem Zwiegespräch den geizigen und selbstsüchtigen Kerl noch weniger als vorher. Im Januar des nächsten Jahres kam die monatliche, staatliche Unterstützung zum Tragen.

Heili aber blieb für die älteste Tochter der Witwe bis ins Konfirmationsalter der Hund, den das Christkindchen höchstpersönlich mit dem Frühstückskorb zu ihnen geschickt hatte. Insgeheim glaubte sie sogar, daß Heili am Heiligen Abend das Christkindchen mit menschlicher Stimme gerufen und ihm die Not der vaterlosen und bitterarmen Familie geschildert habe. Sie hatte einmal eine Geschichte vorgelesen bekommen. Dort hieß es, daß manche Tiere am Weihnachtsabend wie Menschen reden können und mit dem Christkind sprechen dürfen, um Gutes zu bewirken. Heili hat diese „chreßhellege Dag" (christheilige Tage) wohl schnell vergessen. Nie vergaß sie aber, auf ihren Streifzügen ihre Freunde im kleinen, windschiefen Fachwerkhaus aufzusuchen.

Manchmal gab es auch ein kleines Hundeleckerli, denn die große Not hatte seit dem Weihnachtsfest für die Witwe und ihre Kinder ein Ende gefunden.

Wenn Christine mit ihrem blaugestrichenen Holzpuppenwagen durch den Hof fuhr, saß – manchmal auch schlafend darin liegend – Heili neben Christines blondhaariger Lieblingspuppe, die sie Viktoria nannte.

Die Familie des Kleinfabrikanten Otto Lauterbacher wohnte in einem einfachen Fachwerkhaus, nicht in einem prächtigen Bürgerhaus, wie dem abgebildeten (zu „Heili, der Weihnachtswunderhund").

Haus Graber in Remscheid-Goldenberg, das um 1775 erbaut wurde. Heute sieht das Gebäude schlimm aus. Beinahe alles, was ein bergisches Bürgerhaus ausmacht, wurde entfernt.

ALTBERGISCHE HÄUSER. Remscheid. Goldenberg. BERG. LAND.

Die Nachbarsmädchen wollten es Christine gleichtun. Schließlich lebte in jedem Haus ein Hund oder eine Katze. Doch keines der „Viecher" hielt es lange in solch einem Gefährt aus. Bei erster Gelegenheit entflohen sie dem für sie ungewohnten, ungefederten Puppenwagen.

Nur Heili verhielt sich auf oder in den rotweiß karierten Puppenwagenbezügen kreuzbrav. Sie wußte: Wenn sie nur einmal zaghaft bellte oder jaulte, befreite Christine sie aus dem über die unbefestigten Hofwege holpernden Wägelchen.

Im Gegensatz zu den anderen Haustieren, die fluchtartig verschwanden und in den nächsten Stunden unsichtbar blieben, trottete dann Heili neben Christine einträchtig her und sah sie – wie es Hunde so an sich haben – mit ihren treuen Augen von Zeit zu Zeit an, als wollte sie sagen: „Verzeihe mir, aber ich fühlte mich in dem Puppenwagen heute nicht recht wohl."

Oft holte Heili ihre Christine von der Schule ab. Sie tat dies gerne. Auf dem Weg lag eine

So ähnlich könnte es zur Weihnachtszeit in der Hofschaft ausgesehen haben, wo der Hund Heili beheimatet war (zu „Heili, der Weihnachtswunderhund").

Um die Weihnachtszeit im Hof Büchel in Remscheid-Hasten. Heute ist der abgebildetete Winkel sehr verändert, so sind z. B. die „Hüsker" (Außentoiletten ohne Wasserspülung) im Vordergrund längst verschwunden.

Metzgerei, vor der sie regelmäßig Halt machte. Unverwandt schaute sie auf die Würste, die in dem kleinen Schaufenster hingen, und hoffte, gesehen zu werden. Geschah dies, flog ein Wurststückchen durch die offene Ladentür, das Heili gekonnt aufschnappte.

Dann nahte wieder die Weihnachtszeit. Die wenigen schulfreien Tage vor Weihnachten gingen schnell herum, denn Festvorbereitungen mußten erledigt werden. Abends in der Küche, beim Licht der Petroleumslampe, war das Thema Weihnachten der Hauptgesprächsstoff für Christine. Mutter und Tochter sangen dann oft die heute noch geläufigen Weihnachtsweisen. Der Vater brummte mit. Das Wohnzimmer, die sogenannte „Gute Stube", benutzten die „Altvorderen" nur an hohen Festtagen, so auch Christines Eltern.

Eigenartigerweise wurde die Hündin Heili stets an den Tagen vor dem Heiligen Abend unruhig. Es war, als ob sie sich des Tages erinnerte, an dem sie vor zwei Jahren Anschluß an die Familie des Werkzeugschmiedes Otto Lauterbacher fand, der sich mittlerweile zum Klein-Fabrikanten emporgearbeitet hatte. Acht Gesellen statt vier arbeiteten jetzt in der erweiterten Schmiede. Vielleicht war es auch die Vorfreude auf das innigste deutsche Fest, das sich von ihrer zweibeinigen Freundin Christine auf sie übertrug.

Christine hatte sich dieses Jahr eine Spieluhr gewünscht. Eine kleine natürlich, die, von einem Uhrwerk angetrieben, mehrere Liedchen abspielte. Sie war ganz vernarrt in ein solches Musikgerät, sonst wollte sie nichts, um ihren Hauptwunsch nicht zu gefährden. Immerhin war eine gute Spieluhr brandteuer.

Christines Wunsch erfüllte sich. Unter dem Lichterbaum stand ein kleiner Holzkasten mit geöffnetem Deckel. Aus ihm tönte es heraus, sogar mit Glockenschlag: „Alle Jahre wieder". Christine stand wie verzaubert. „Das war ja ein Symphonium", ein damaliges Spitzenerzeugnis. Nicht nur ein paar Lieder, Märsche oder Operettenmelodien, nein, durch verzinnte, runde Metallplatten konnten Dutzende von Musikstücken abgespielt werden, sofern genügend Platten zum Auswechseln vorhanden waren.

Als Heili die lange vor Freude sprachlose Christine sah, kam ihr dies nicht geheuer vor. Sie bellte leise, vielleicht sogar melodisch, mit. Einige Platten, die das Christkindchen beigelegt hatte, wurden hintereinander abgespielt. Da aber Heili immer begeisterter bellte, heulte und jaulte, verbot der Klein-Fabrikant Heilis musikalische Begleitung, worauf sie sich wie eine beleidigte Primadonna in ihr Körbchen zurückzog.

Nach dem Festtagsschmaus im Anschluß an die Bescherung – auch Heilis Futtertrog wies Leckerbissen auf – spitzte das Tier die Ohren, schnupperte, lief ratlos um den Tisch, stand wieder still, lauschte und erregte sich zunehmend. Dann lief sie zur Haustür, jetzt laut fordernd bellend. Christine öffnete die Tür. Doch Heili lief nicht wie sonst üblich in das Dunkel der Nacht. Nein, sie zerrte an Christines Kleid, lief ins Haus zurück, dann erneut zur Haustür, und dies mehrmals. Schließlich kam Christines Vater hinzu. Heili zerrte nun an seinen Hosenbeinen. Sie schien um ihren Hundeverstand gebracht worden zu sein. Heili war nicht ruhigzustellen. Ihr eindringliches Bellen hatte Nachbarn vor die Häuser treten lassen. Der gegenüber wohnende Fritz Hölterhoff, ein kräftiger Mitdreißiger, meinte, man müsse Heili folgen, denn die lief jetzt immer weiter in eine bestimmte Richtung, um dann heulend zurückzukehren.

Als Heili sah, daß Otto Lauterbacher und Fritz Hölterhoff ihr durch den tiefen Schnee in den nächtlichen Wald folgten, lief sie, nun nicht mehr bellend, vor den Männern her. Nach etwa zehn Minuten stand Heili und gab Laut. Schnell keuchten die beiden Männer heran.

„Um Himmels Willen, dort liegt ein Kind im Schnee!" Schnell hoben sie ein ärmlich gekleidetes Mädchen auf. Seine Hände waren gefaltet, Tränen auf seinen Backen zu Eis gefroren. Da sie in der Eile vergessen hatten, eine Stallaterne mitzunehmen, konnten sie das Gesicht des Kindes nicht genau erkennen.

Schneller, als die beiden Heili gefolgt waren, trugen sie das erbarmungswürdige „Häufchen Elend" in des Klein-Fabrikanten Haus. Hier erkannte man die Unglückliche.

Es war die kleine Gerlinde, bis vor kurzem ein Nachbarskind, deren Mutter, eine Witwe, vor Monaten diese Welt verlassen mußte. Da sie keine Verwandten in der Gegend hatte, kam Gerlinde ins entfernt liegende Waisenhaus.

Christines Mutter bereitete der Kleinen in der Küche ein heißes Bad im Holzzuber vor. Inzwischen hatte Gerlinde in der warmen Weihnachtsstube die Augen aufgeschlagen. Sie sprach kein Wort, ihr Blick verriet ungläubiges Staunen. Nach dem Bad und einer frisch zubereiteten Tasse Kakao stellten sich ihre Lebensgeister nach und nach wieder ein. Man tischte dem Kind tüchtig auf. Sie aß manierlich, obwohl sie offensichtlich großen Hunger hatte. Unentwegt schaute Gerlinde in den Weihnachtsbaum. Plötzlich legte sie die Gabel hin, blickte nach oben, faltete die Hände und flüsterte: „Liebe Mutter, ich danke Dir." Dann weinte sie still vor sich hin. Es waren Freudentränen.

Was war geschehen? Gerlinde hatte die Oberschwester des Waisenhauses gefragt, ob es nicht möglich sei, daß sie am Heiligen Abend oder während der Weihnachtstage das Grab ihrer Eltern aufsuchen könne. Fünfzig Pfennig, die sie kurz vor Mutters Tod von ihr bekommen hatte, bot sie in kindlicher Unbefangenheit als Fahrtkosten der Heimleiterin an. Die Antwort war eine schallende Ohrfeige, denn Waisenkinder durften damals kein Geld mit sich herumtragen. Gerlinde hatte das Geldstück wie einen Schatz die ganze Waisenhauszeit versteckt. Es war das einzige Andenken an ihre Mutter, das sie besaß. Zur Strafe durfte Gerlinde nicht an der Heim-Weihnachtsfeier teilnehmen, wohl aber am gemeinsamen Abendessen.

Sehnsucht nach der verstorbenen Mutter – ihren Vater hatte sie nicht in Erinnerung – und Heimweh ließen sie am Morgen des Heiligen Abends während einer günstigen Gelegenheit aus dem mit einem Jägerzaun umfriedeten Waisenhausgelände fliehen. Sie kam nach stundenlangem Fußmarsch unbehelligt an ihr Elterngrab. Dann beschloß das Kind, den Hof aufzusuchen, auf dem sie mit ihrer Mutter gelebt hatte. Eine Unterkunft würde sie schon finden, notfalls im geräumigen Pferdestall von Christines Vater, der auch im Winter ein wenig warm war. Darüber wurde es dunkel und bitterkalt. Nur mit Mühe sah Gerlinde in der Ferne die schwachen Lichter ihres Heimathofes. Sie fiel, konnte nicht mehr aufstehen; sie faltete die Hände und flehte ihre Mutter um Hilfe an. Sie verlor die Besinnung.

Fritz Hölterhoff meinte, das Mädchen könne dauernd bei ihm und seiner Frau bleiben. Schon lange hätten sie sich ein Kind gewünscht. Doch zuerst müsse das Waisenhaus benachrichtigt werden, was durch ein Telegramm geschah. Hier hatte man die stille, meist in sich gekehrte Gerlinde über den Bescherungsrummel und den Würstchen mit Kartoffelsalat, dem als Nachtisch Vanillepudding mit Himbeersaft folgte, keineswegs vermißt.

Die jetzt vom schlechten Gewissen geplagte Oberin willigte sofort ein, daß das Kind bis über Neujahr bei Lauterbachers bleiben dürfe. Dann müsse man weitersehen. Eine Adoption wolle sie warm befürworten. Wer beschreibt Gerlindes Freude, wer ihre Dankbarkeit. „Das war meine Mutter im Himmel", dachte sie, „ich bin nicht mehr verlassen, bin wieder daheim." Sie hatte weder durch den weiten Weg im Schnee – mit Hausschuhen – noch durch die Kälte – ohne Mantel –, noch durch den Fall mit anschließender Ohnmacht sichtbaren Schaden erlitten. Held des Abends war allerdings Heili, der „Weihnachtswunderhund". Sie lag zufrieden in ihrem Körbchen. Es sah aus, als wollte sie immerfort sagen: „Hab' ich das nicht gut gemacht?" Bis gegen Mitternacht kamen die Nachbarn in Lauterbachers Haus; alle brachten der treuen Heili etwas mit: Wurststückchen, Fleischbrocken und vor allem Vollmilchschokolade, Heilis Lieblings-Leckerli, von dem sie

Auch so könnte die Hofschaft zur Weihnachtszeit ausgesehen haben, wo Christine, die Tochter des Kleinfabrikanten Otto Lauterbacher, mit ihrem Hund Heili herumtollte (zu „Heili, der Weihnachtswunderhund").

Die Hofschaft Holz in Remscheid-Hasten zur Winterszeit im Jahre 1958. Ebenso wie in Büchel ist auch in Holz viel Ursprüngliches verlorengegangen.

Vielleicht wurden auf dieser Bahnstrecke Rohmaterialien und Fertigteile des Werkzeugherstellers Otto Lauterbacher befördert (zu „Heili, der Weihnachtswunderhund").

Die seit 1891 bestehende Ronsdorf-Müngstener Eisenbahn fuhr bis 1903 mit Dampf. Sie diente in erster Linie den in diesem Tal ansässigen Firmen als bequemes Transportmittelmittel. In Gründerhammer war ein Haltepunkt. Bis 1961 stand noch das Bahnhöfchen (Warenschuppen). Ansichtskarte mit Poststempel vom 5. Februar 1908.

üblicherweise selten und nur kleinste Knäppchen erhielt. Gerlinde bekam gleichfalls Geschenke. Eine Puppe, die ihr in den Arm gelegt wurde, taufte sie sofort auf den ihr vertrauten Namen Paulinchen. So hieß ihr früheres Püppchen.

Heili verschlang alles, was man ihr anbot. Nachdem sämtliche Hofbewohner zu Bette gegangen waren – Gerlinde hatte eine Lagerstatt in Christines Zimmer bekommen –, ging es Heili gar nicht gut. Auch ein Hundemagen verträgt nur eine bestimmte Menge an guten Sachen. Doch sie heulte, wimmerte nicht, schließlich war sie in dieser sternenklaren Weihnachtsnacht das wichtigste Geschöpf in der ganzen Umgebung.

Die Hündin Heili hatte jedes Jahr zur Weihnachtszeit eine gute Tat vollbracht. In diesem Jahr zeigte Heili keine Spur von Unruhe vor den Festtagen wie in den Vorjahren, denen stets die gute Tat des Hundes folgte.

Daran dachte Otto Lauterbacher, als er grübelnd auf seinem Bürostuhl saß; Töchterchen Christine befand sich in der Schule. Der Klein-Fabrikant war finanziell am Ende. Der Konkurs stand bevor. „Ja", seufzte er,

„anderen hat Heili immer geholfen. Warum nur uns in dieser Lage nicht?" Die Hündin zu seinen Füßen schaute in sein kummervolles Gesicht, ahnte Schlimmes, jedoch ein Hundehirn kann solche Sachen wie Geldnot, Pleite, Hausversteigerung (als Folge des Ruins) nicht begreifen.

Otto Lauterbachers vor Monaten noch gutgehende Fabrik stand still. Eine angeblich große amerikanische Firma wollte ihm einen Riesenauftrag erteilen, und zwar ohne Vermittlung eines Remscheider Exporthauses, wie es damals Brauch war. Die verlangten Mengen konnte er in seiner kleinen Werkhalle in der geforderten Zeit nicht herstellen. Doch die Amerikaner wußten Rat! Er solle sich hochmoderne Maschinen anschaffen. Mit dem Erlös des Massenauftrags könne er diese spielend bezahlen, rechneten sie ihm vor. Otto Lauterbacher kaufte die Maschinen – vom Auftraggeber – und zahlte schnellstens den für ihn ungeheuren Preis. Das Geld lieh er sich vom Bankhausbesitzer Sudberg, der zehn Minuten entfernt inmitten eines Parkes in einer erst kürzlich erbauten Villa „residierte". Otto Lauterbacher wartete und wartete. Der heißersehnte Auftrag kam nicht, wohl aber Aufforderungen des Bankhauses, er möge endlich seine Zinsen für den Kredit zahlen. Aufträge umliegender Ausfuhrgeschäfte blieben ebenfalls aus, denn er hatte einige von ihnen verärgert, weil er aufgrund der zu erwartenden Großaufträge ihre Bestellungen ablehnen mußte. Nun stand er da mit den angeblich hochmodernen Maschinen, die schon Rost ansetzten. Seine Arbeiter konnte er nicht halten. Vor einiger Zeit hatte der alte Hannes, der treueste Mitarbeiter, mit Tränen in den Augen die Werkhalle verlassen.
Christine hatte im groben alles mitbekommen. Heili sah nur die traurigen Gesichter. Am Essen sparte Christines Mutter wenig, selbst Heili bekam noch ihre „Sonntagswurst". Christine wollte sich in dieser schweren Zeit nützlich machen. Aber wie? Als sie mit Heili den noch eigenen kleinen Busch hinter ihrem Elternhaus durchstreifte, kam ihr ein Gedanke. Brennholz sammeln für die Mutter, das war doch was. Also suchte sie im Unterholz nach abgefallenen Zweigen. Das war jedoch nicht so leicht. Zwar hatte es noch nicht geschneit, aber viele Kinder suchten nach Brennholz. Die Büschchen waren damals wie leergefegt. Christine ahnte, wie schwer es „armer Leute Kinder" beim Holzsammeln hatten. Heili begriff schnell, was ihre Freundin Christine tat. Eilfertig holte sie mit ihrer Schnauze manches Holzstückchen aus dichtestem Gestrüpp. Es dauerte lange, ehe Christine ein Bündel „Anmachholz" zusammen hatte. Aber sie hatte wenigstens „Beute" gemacht. „Die Mutter würde sich freuen."
Da knurrte und bellte Heili. Warum, weshalb? Christine erkannte zwei Kinder, ein Junge, ein Mädchen, gleich groß, wohl Zwillinge, zu leicht für die Jahreszeit gekleidet. „Was macht ihr hier in unserem Busch?" fragte Christine nicht gerade freundlich. „Der Wald gehört meinem Vater!" Das kleine Mädchen fing an zu weinen. Der Junge meinte traurig: „Wir suchen Holz für unsere Eltern. Die besitzen einen Partiewagen (so nannten die

Vorfahren damals ein Karussell bei uns). Jetzt im Winter können sie damit kein Geld verdienen, und im Sommer hat es fast nur geregnet. Der Partiewagen drehte sich oft nur mit einem Kind. Unsere Wohnung", er schluckte dabei, „ich meine unsere Kirmeswagen, stehen unten im Tal auf einer Wiese. Keiner will uns in der Nähe haben. Selbst das Trinkwasser müssen wir von weit herholen. Zudem wollen die Leute Geld dafür haben. Sei nicht böse, liebes Mädchen, wir wollten nichts Unrechtes tun." Christine übergab das Holzbündel den beiden. Ein befreiendes „Danke" brachten sie leise hervor. „Wir gehen sofort zu unseren Wagen. Vater und Mutter werden sich freuen." – „Darf ich mitgehen? Ich kann ja tragen helfen." – „Sicher kannst du das, bei uns ist aber nichts sehens-wert." – „Doch", widersprach Christine, „ich bin kirmesverrückt." Derweil war Heili schon vorgelaufen, natürlich mit einem Holzstock in der Schnauze.

Die „Kirmesvögel" waren erstaunt, ihre Kinder so schnell wiederzusehen, dazu mit Brennholz und unseren Freundinnen Christine und Heili. Des Karussell-Besitzers Hund, der furchterregende, struppige Sultan, knurrte und bellte nicht. Sein Instinkt sagte: „Hier kommen Freunde." Heili verhielt sich jedoch gegenüber dem Riesenhund zurück-haltend.

Man sprach einige Zeit miteinander. Der Schausteller merkte sogleich, daß Christine sich für den Partiewagen sehr interessierte. „Ja", meinte er, „aufbauen kann ich ihn jetzt nicht, aber hier hast du ein Bild von ihm. Christines Augen glänzten: „Das war doch der Partiewagen mit den vielen Holzpferden, den roten Samtvorhängen und den tollen Bildern am oberen Partiewagenabschluß." – „Hier hast du noch ein paar Dutzend Freikarten. Im Sommer stehen wir in Remscheid, Lennep, Lüttringhausen, Ronsdorf, Hückeswagen und Wermelskirchen." Beglückt zogen Christine und Heili von dannen, nicht ohne Christines Beteuerung, daß man wiederkommen werde. Heili hatte den Respekt vor dem zottigen Sultan verloren. Der Abschied von ihm verlief hundegemäß freundlich. Munter, die Notlage der Eltern vergessend, ging Christine heimwärts.

Das Tor zu Sudbergs Park stand offen: „Selten, eigentlich nie, kommt das vor", wunderte sich Christine. Für Heili war der Park zu erkundendes Neuland. Schwups lief sie in die Tabuzone. Christine rief, doch der Lümmel kam nicht zurück. Erst nach geraumer Zeit, es war kalt und Schneeflocken fielen jetzt sacht zur Erde, tauchte Heili auf. Sie hatte etwas in der Schnauze, legte es behutsam vor Christine hin: eine goldene Taschenuhr mit Kette. Die Prunkuhr war mit Edelsteinen besetzt. Sie glänzte, funkelte und schlug, zugleich mit der entfernten Kirchturmuhr, dreimal an.

Mutig gingen unsere zwei in den Park hinein, auf Sudbergs Villa zu. Wild erregt und bellend sprang ein Schäferhund in seinem Zwinger herum. Das war für ihn nicht normal, ein fremder Hund, ein unbekanntes Kind vor der Villa. Heili ging brav bei Fuß an Christines Seite. Das Gekläffe hatte Sudberg vor die Tür treten lassen: „Wer bist du, was willst du hier, hast du das Schild mit dem Eintrittsverbot nicht gelesen, du kannst doch lesen!" –

„Gewiß, kann ich lesen, das Tor stand offen. Meine Heili", dabei strich sie dem Hund über den Kopf, sich Mut machend, „hat dies gefunden. Ich denke, es gehört Ihnen!" Sie zog die Uhr mit Kette aus ihrem Schürzentäschchen und hielt die Kostbarkeit in die Höhe. „Stimmt das? Wenn ja, nehmen Sie die Uhr an sich. Mein Hund hat sie in Ihrem Park gefunden." Sudberg ergriff sie hastig, Christine und Heili drehten sich um und gingen in Richtung des Tores. Der Rassehund im Zwinger bellte schon lange nicht mehr. Sudbergs „Ruhe" hatte ihn stumm werden lassen. „Halt!" vernahmen unsere beiden nach etwa 30 Kinderschritten, „Du bekommst doch noch den Finderlohn", rief der Bankhausbesitzer. – „Danke, wir benötigen ihn nicht. Wir taten nur unsere Pflicht. Unrecht Gut gedeiht nicht", antwortete Christine, denn dieser Satz gehörte zum Wortschatz ihres Vaters. – „Wie heißt du, wo wohnst du?" hallten die Worte des als harter Mann geltenden Sudberg in das mittlerweile starke Schneetreiben hinein. – „Ich heiße Christine Lauterbacher, und wo meine Eltern wohnen, dürften Sie wissen!" Sudberg konnte Kind und Hund im Schneeflockengestöber bald nicht mehr

Über weites, tiefverschneites Land mußte das Waisenkind Gerlinde gehen, um in seinen Heimatort zu gelangen, wo ihre Freundin Christine Lauterbacher wohnte (zu „Heili, der Weihnachtswunderhund").

Winterlandschaft beim Hof Olpe in der Nähe von Remscheid-Lüttringhausen im Jahre 1981.

sehen. Die beiden ihn auch nicht. Schade, denn sein Gesicht war aschfahl geworden. „Lauterbacher, ja, den kannte er gut, der schuldete ihm viel Geld." Der reiche Sudberg hatte einen unguten Abend. In der Nacht schlief er kaum. Immer wieder sah er das Mädchen mit dem Hund vor Augen, dann wiederum den redlichen Otto Lauterbacher. Und das in der Nacht vor dem Heiligen Abend! Es war am 24. Dezember, nachmittags gegen 3 Uhr als es an der Tür von Christines Eltern klopfte. Christine öffnete, sie erschrak, dann stand der Vater neben ihr. „Herr Lauterbacher, darf ich reinkommen, ich möchte mit Ihnen sprechen." – „So höflich spricht er sonst nie", fiel es Christines Vater auf. „Jetzt muß er etwas ganz Schlimmes vorhaben." Mit der Gelassenheit eines auf nichts mehr Hoffenden, bot er ihm einen Stuhl an. Von Christines und Heilis guter Tat wußte er nichts. Sein Töchterchen hatte es nicht erzählt, einfach vergessen.

Die Unterredung dauerte eine Zeitlang. Der Bankherr ging zufrieden von dannen, Lauterbacher hatte Tränen in den Augen: Der Konkurs war abgewendet. Sudberg wollte seine Beziehungen einsetzen, daß Christines Vater neue Aufträge bekäme. Die teuren und jetzt nutzlos gewordenen Maschinen (nur für einen Massenartikel geeignet) würde Sudberg einer größeren Fabrik in Thüringen anbieten (die sie auch nahm). Im neuen Jahr konnten sich die Räder in Lauterbachs Fabrik wieder drehen, die Schmiedefeuer glühen. Zudem hatte der Bankier 300 Mark auf den Tisch gelegt. Nicht als Geschenk, das hätte der frühere Werkzeugschmied nicht angenommen, sondern als Aufstockung der Schuldsumme, die nun dank Heilis Fund auf unbegrenzte Zeit gestundet war.

Sofort ging Lauterbacher zu seinen entlassenen acht Mitarbeitern, jedem 20 Mark in die Hand drückend mit der frohen Botschaft, im Januar werde wieder gearbeitet. Das Geld, teilte er den Leuten mit, sei halb Vorschuß, halb ein Weihnachtsgeschenk. Der Spezereiwarenhändler (Lebensmittelgeschäft) im Hof wunderte sich über den reichlichen Einkauf der Frauen, deren Männer bis vor Monaten bei Lauterbacher beschäftigt waren. Er erfuhr von den Besuchen des Klein-Fabrikanten bei seinen nun arbeitslosen Mitarbeitern. Die Kunde machte in der Ortschaft schnell die Runde. „Donnerwetter", meinte der alte Hannes, „was so ein Hundevieh zu Wege bringen kann." Sein Enkel, der bei Lauterbacher seit seiner frühen Kindheit in die Lehre gehen wollte, widersprach: „Das ist kein Hundevieh, sondern ein Wunderhund." – „Na ja", entgegnete der altes Hannes, „recht hast du."

Als Christine schlief, vor ihrem Bett lag Heili als „Wachtposten", zogen ihre Eltern in die nahegelegene Stadt, denn die Geschäfte hatten an diesem Abend bis mindestens Mitternacht geöffnet. Viele Familien kauften erst am späten Heiligabend ein, weil mancher Chef an diesem Tag seinen Leuten erst das „Christkindchen" (meist ein Geldgeschenk) gab. Die Lauterbachers erstanden ein wunderschönes Teil für Christine, die von Sudbergs Besuch nichts mitbekommen hatte. Sie träumte von einem bunten Karussell, das in der Weihnachtsstube stand. Darüber wurde sie wach. Sie weinte, in Kissen und Oberbett flossen die Tränen. „Sie waren ja so arm geworden. An ein solch teures Geschenk war nicht zu denken." Den Glauben an das Christkindchen war bei ihr ins Wanken geraten.

Kurz vor sechs Uhr in der Frühe klingelte ein Glöcklein. Christine stand auf, wusch sich und zog ihr bestes Kleid an: Es war ja Weihnachten. Dann klingelte es zum zweiten Mal. Die Eltern standen vor der Wohnzimmertür, faßten sie an der Hand. Beide strahlten. Christine kämpfte mit den Tränen, behielt aber die Fassung. „Was würden die lieben Eltern für sie gekauft haben?" Sie nahm sich vor, den Eltern ihre Enttäuschung über den vermeintlich kargen Weihnachtstisch nicht zu zeigen. Als die Weihnachtsorgel (Christines Spielwerk drehte auch den Weihnachtsbaum um seine Achse) zum dritten Mal „Alle Jahre wieder" abspielte, die verschlafene Heili endlich zu ihnen gestoßen war, forderte Lauterbacher Christine auf, nun in die Weihnachtsstube einzutreten.

Christine stand wie angewurzelt, ungläubiges Staunen lag in ihrem Blick: Ihr Traum in der Heiligen Nacht war Wirklichkeit geworden. Das schönste Karussell, das es in der Stadt zu kaufen gab, drehte munter sich im Kreise: „Es gehört mir. Welch ein Wunder ist geschehen." Nun weinte sie vor Freude, ihre Mutter mit, Lauterbacher schluckte, Heili wimmerte, glaubte sie doch, Fürchterliches sei passiert. Die nun jubelnde, fröhliche Christine überzeugte sie vom Gegenteil. Lauterbacher erzählte seiner Tochter vom Besuch des Bankiers. „Dann verdanke ich ja Heili diesen Partiewagen", rief Christine. – „Das kann man wohl sagen", bestätigte Vater Lauterbacher, „es ist ein wahrer Weihnachtswunderhund."

Im folgenden Spätherbst bekam Heili Junge. Bis in das neue Jahr hatte sie mit ihrem Nachwuchs reichlich zu tun. So blieb an diesem Weihnachtsfest das von den Hofbewohnern erwartete Weihnachtswunder aus. Es wiederholte sich nie mehr. Ihr Ruf als Weihnachtswunderhund blieb jedoch an ihr haften.

Die Erinnerung an Heili hielt sich bis in die Zeit nach dem Zweiten Weltkrieg (1939/45). Bis dahin liefen Heilis Nachkommen in der Ortschaft herum, kaum bellend und immer brav. Heute soll dort noch ein Hund auf Heili als Stammmutter zurückzuführen sein. Kein Bild von Heili ist auf uns gekommen. Das einzige Foto, das es von ihr gab, verbrannte mit vielen anderen im Jahre 1943 in Wuppertal-Ronsdorf.

Weihnachtsmärkte mit langer Tradition

Weihnachtsmärkte mit langer Tradition gibt es in Deutschland wenige, und die sind weit-, ja vielleicht sogar weltbekannt.

Nehmen wir den „Christkindles-Markt" in Nürnberg. Bereits 1697 schreibt ein Chronist, daß einige Tage vor dem Feste der „Christkindles Markt" gehalten werde. Beinahe das ganze Areal sei mit Holzgebinden bedeckt. Gemeint ist der Platz vor der Liebfrauenkirche. Im übrigen: Nürnberger Lebkuchen sind, Nürnberger Spielzeuge waren zumindest ein Begriff! 1896 heißt es in einer Beschreibung der alten Reichsstadt: Die unter dem Namen Nürnberger Waren bekannten Kurzwaren, Messing- und Stahlerzeugnisse, Uhren, Bleistifte, Blattgold sowie Spielwaren – in alter Zeit als Nürnberger Tand bezeichnet, weil Spielzeug früher als wertlos galt – sind oder waren (?) weltberühmt. Daß diese

Blick über den Nürnberger Christkindles-Markt mit der Liebfrauenkirche, dem schönen Brunnen und einem nach historischem Vorbild aus dem 16. Jahrhundert erbauten Verkaufsstand (zu „Weihnachtsmärkte mit langer Tradition").

Erzeugnisse auf dem „Christkindles Markt" feilgeboten wurden, das ist logisch.

Auch Frankfurt hat einen „Christkindl Markt" mit Tradition, dem Goethe in „Dichtung und Wahrheit" ein litarisches Denkmal gesetzt hat. In einem Weihnachtsbrief von 1772 erwähnt der Dichterfürst ebenfalls den „Christkindl Markt", der auf dem Römerberg vor der Nikolaikirche seit alters her stattfindet. Ursprünglich wurden hier fast nur Spielzeuge angeboten.

Die Münchener bestehen darauf, daß ihr „Christkindl Markt" mehr als 600 Jahre alt ist. Er soll bereits im Jahre 1310 schriftlich genannt worden sein. Die vorweihnachtliche Budenstadt steht auf dem Marienplatz vor dem Rathaus. Üblich ist es, daß dort Sänger aus den Alpenregionen Hirten- und Krippenlieder zu Gehör bringen.

Über den Berliner Weihnachtsmarkt sind eine Reihe von Berichten aus dem 18. Jahrhundert vorhanden. Einige Berliner glauben, daß ihn der Große Kurfürst (1640–88) eingeführt hat.

Im Jahre 1729 ist der Berliner Weihnachtsmarkt aber urkundlich nachweisbar. Ludwig Tieck, ein im vorigen Jahrhundert sehr geschätzter Dichter, beschrieb 1835 den Berliner Weihnachtsmarkt, wie er ihn als Kind erlebte.

Wilhelm von Kügelen (1802–1867), seit 1834 Hofmaler des Herzogs von Anhalt-Bernburg, schreibt in seinen Jugenderinnerungen: „Acht Tage vor dem Feste pflegte sich der Dresdener Altmarkt mit einem ganzen Gewimmel höchst interessanter Buden zu bedecken, die abends erleuchtet waren und große Augenlust gewährleisteten. Das Glitzern der mit Rauschgold, mit bunten Papierschnitzeln und goldenen Früchten dekorierten Weihnachtsbäume..., das Gewühl der Käufer und höfliche Locken der Verkäufer, das alles regte festlich auf." Der Weihnachtsmarkt in Sachsens Hauptstadt, dem einstigen Elb-Florenz (bis Februar 1945), heißt Striezelmarkt, benannt nach einer Hefegebäckart.

Weihnachts-märkte im Bergischen

Weihnachtsmärkte sind nicht eine Erfindung der neueren Zeit, einige haben eine durchaus lange Geschichte. Wahr ist, daß sie sich im Bergischen Land erst recht spät etablierten.

Weihnachtsmärkte hat man am Rhein und im Bergischen Land bis vor einigen Jahrzehnten nicht gekannt. So ist der Weihnachtsmarkt in Bonn erst um 1970 aufgekommen. Heute hat jede Stadt, beinahe jedes Dorf oder jedes Schloß einen Weihnachtsmarkt, oft einen ideellen, oft einen wirtschaftlichen. Es geht mehr um das Spektakulum als um Besinnlichkeit. Was angeboten wird, ist normalerweise meist auf Wochen-märkten zu bekommen.

Lediglich auf ideellen Weihnachtsmärkten ist mehr Weihnachtliches anzutreffen: Fleißige Frauen nähten gekonnt Schürzen, formten Tonwaren, backen Waffeln oder Muzen. Allen gemeinsam sind bei Dunkelheit Lichterketten, Tannenbäume mit elektrischen Kerzen, weihnachtliche Musik ist von elektronischen Geräten zu hören. Sogenannte Freßbuden und Bierstände wer-den von Leuten umlagert. Man ist geneigt zu glau-ben: Sie haben einige Tage gehungert, um mit Genuß Bratwürste zu vernichten.

Nur unweit des Lenneper Weihnachts-marktes gelegen, bieten Lenneps Straßen, Gassen und Plätze, besonders bei Schnee, eine stimmungs-volle Atmosphäre (zu „Weihnachtsmärkte im Bergischen").

Der obere Munsterplatz vor der „Sanierung".

Weihnachtsmärkte mit Fluidum gibt es wenige. Ein historisches Stadtbild wie in Lennep läßt alles erträglicher erscheinen. Ja, hier kommt Vorweihnachtsstimmung auf, vor allem beim ideellen Weihnachtsmarkt. Das Bemühen aller Veranstalter sollte jedoch zumindest anerkannt werden. Tun wir's!
Ein stimmungsvoller Weihnachtsmarkt im Bergischen erwartet die Besucher in Schloß Homburg bei Nümbrecht. In den Räumen des Oberbergischen Heimatmuseums (dort untergebracht) ist weihnachtliche Musik zu hören, zwischen Bergischen Glasschränken werden Artikel angeboten, hält sich die Besucherzahl in Grenzen. Weihnachtsmärkte, die ansprechen, gehören in eine historische Umgebung. Lennep hat sie noch!

Die Hinterfront des oberen Munsterplatzes in Lennep im Jahre 1981 von der Botengasse aus gesehen (zu „Weihnachtsmärkte im Bergischen").

Ein stilvoller Weihnachtsmarkt findet in Schloß Homburg bei Nümbrecht statt (zu „Weihnachtsmärkte im Bergischen").

Weihnachtskarten

Es geht eine gewisse Faszination von ihnen aus: von den Weihnachtsglückwunschkarten aus der Zeit vor dem Ersten Weltkrieg (1914–1918). Zugegeben, oft sind sie süßlich, ein wenig dem Kitsch nahekommend. Aber was ist süßlich, womöglich kitschig? Welche Institution bestimmt, daß sie unter diese Kategorie fallen? Doch wer betrachtet sie nicht heute noch gerne in der Weihnachtszeit, zur Jahreswende? Sie vermitteln die heile Welt mit mild lächelnden Engelgesichtern, den vergoldeten und erleuchteten Kirchen in tiefem Schnee und mit glutrotem Winterhimmel, dem Christkindchen als Lichtgestalt oder dem gutmütigen Weihnachtsmann. Glückwunschkarten zu Weihnachten und zum neuen Jahr sind nichts anderes als Ansichts-Postkarten. Seit wann gibt es sie?
Postkarten kamen zuerst im Jahre 1869 auf. Die Österreichische Post brachte am

Neben der Remscheider Stadtkirche hatte sich das alte Remscheid des 18. und 19. Jahrhunderts erhalten (zerstört 1943).
Die Weihnachtskarte wurde am 17. Dezember 1929 auf die Post gegeben (zu „Weihnachtskarten").

1. Oktober 1869 eine sogenannte „Korrespondenzkarte" heraus. Österreich war zu dieser Zeit ein Vielvölkerstaat mit deutschen, slawischen und romanischen Volksgruppen, aus denen 1918 unter anderem die „Tschechoslowakei" und die „Republik Deutsch-Österreich" (Name im Friedensvertrag 1919 verboten) entstanden.

Die Idee, statt eines Briefes nur eine Karte zu benutzen, kam von dem späteren deutschen Generalpostmeister Heinrich von Stephan. Er hatte bereits 1865 auf der fünften deutschen Postkonferenz zu Karlsruhe eine Druckschrift übergeben, in welche der Gedanke einer Postkarte entwickelt worden war. In Deutschland wurde die Postkarte im Juni 1870 eingeführt. Sie erwarb schnell große Beliebtheit. Im deutschen Einigungskrieg von 1870/71 (gegen Frankreich) gingen allein im ersten Kriegsjahr zehn Millionen Feldpostkarten von der Heimat zur Armee und umgekehrt. Durch den Weltpostvertrag vom 1. Juni 1878 fand die Postkarte in allen Kulturstaaten der Welt Verbreitung.

Die Ansichts- oder Glückwunschkarte unterscheidet sich von der normalen Postkarte dadurch, daß die

Weihnachts-Erlebniseinkäufe erledigten die alten Remscheider gerne in Elberfeld. Mit der Straßenbahn ging es über Gerstau und Cronenfeld in die größte Stadt des Bergischen Landes. Die Weihnachtskarte zeigt Gerstau um 1908. Im Vordergrund die Oberleitung der Ronsdorf-Müngstener Eisenbahn, später Barmer Bergbahn (zu „Weihnachtskarten").

eine Seite mit einer – wie der Name es ausdrückt – Ansicht versehen ist. Die älteste Ansichtskarte aus dem Remscheider Raum wurde am 16. Juni 1891 auf die Post gegeben. Sie zeigt den Stadtkegel etwa vom Ortsteil Rosenhügel aus. Die ersten Ansichtskarten hatten auf der Vorderseite nur Raum für die Anschrift, auf der Rückseite fand die Ansicht Platz. So kommt es, daß die ältesten Karten auf der Bildseite fast alle beschrieben sind, zumindest findet man dort die Grüße des Absenders verzeichnet, manchmal aber auch reichlich viel handgeschriebenen Text.

Das blieb im Deutschen Reich bis 1905 so. Dann änderte die Anschriftenseite ihr Aussehen. Etwa die Hälfte konnte nun als Mitteilungsfeld benutzt werden.

Zu Anfang kamen als Ansichtskarten durchweg die sogenannten „Lithos" zur Verwendung, denn der Steindruck (Lithographie) erwies sich für die Ansichtskartenherstellung als günstig. Die Vorlagen waren handgezeichnet, folglich nicht immer naturgetreu, aber für uns Heutige ungemein reizvoll. Viele Gaststätten brachten eigene Ansichtskarten heraus,

Der Boller- oder Bollenhammer bei Remscheid-Clemenshammer als Weihnachtskarte. Die Gewerbeanlage diente später als Schleifkotten, dann als Knochenmühle. Auch liegt sie nicht – wie auf der Karte angegeben – im Gelpe-, sondern im Morsbachtal, wird aber dem Gelpe-Saalbach-Bereich zugerechnet. Der Teich ist verschwunden, das Gebäude bis zur Unkenntlichkeit verändert. Gestempelt wurde die Weihnachtskarte am 24. Dezember 1912 (zu „Weihnachtskarten").

Das Bergische Land, Bollerhammer im Gelpetal.

auf denen das Restaurant und wichtige Gebäude der nahen Umgebung oder die Stadtansicht zu sehen sind. Die lithografischen Ansichtskarten nahmen nach 1906 abrupt ab. Sie wurden durch die Fotokarte, den Lichtdruck und andere Verfahren ersetzt.

Ansichtskarten hatten vor dem Ersten Weltkrieg die Funktion wie heute das Telefongespräch: Man ließ von sich hören. Zu allen möglichen Gelegenheiten flatterte damals eine schöne, bunte Karte mit freundlichen Grüßen ins Haus: eine nette Geste allemal. Besonders gefühlsbetonte Ansichtskarten waren die, welche zum Geburtstag, zu Ostern, Pfingsten, Neujahr und zu Weihnachten auf die Post gegeben wurden. Von diesen Karten springen vor allen anderen die Weihnachtskarten ins Auge. „Gesegnete Weihnachten", „Ein frohes Fest", meist jedoch „Fröhliche Weihnachten" steht auf ihnen.

„Fröhliche Weihnachten" war auch der Gruß von alt und jung, arm und reich um den 25. Dezember im Bergischen, den wir in unseren Tagen selten vernehmen. Schade! Wie so manches Überlieferte, stirbt auch dieser Brauch langsam aus.

Die Hundschüppe im Gelpetal neben dem heutigen Ausflugslokal „Zillertal" als Weihnachtskarte, die am 24. Dezember 1906 gestempelt wurde. Von dem Hammer, der in den 30er Jahren unseres Jahrhunderts verfiel, ist nur noch die bruchsteinerne Hüftmauer (Rückwand des Hammers) zu sehen (zu „Weihnachtskarten").

Weihnachtskarten-Einteilung

Textkarten

Der Text ist oft umrahmt von Tannen- oder Ilexzweigen und Glocken; sie sind meist als Prägedruckkarten vorhanden.

Gabenbringerkarten

Hier werden das Christkindchen als hübsches, junges Mädchen und der Weihnachtsmann als gutmütiger, einige Male als drohender „Opa-Typ" mit rotem Mantel und Kapuze sowie dem unerläßlichen Bart dargestellt.

Personenkarten

Kinder, Frauen, Männer oder gemischte Gruppen, zum Teil in einer Schneelandschaft, zum Teil in der Weihnachtsstube mit Tannenbaum, sollen die heile bürgerliche Welt offenkundig machen.

Das Gelpetal am Meistershammer als Weihnachtskarte. Im Vordergrund die Untergräben vom Meistershammer und vom Teschenkotten. Von beiden Anlagen ist nichts geblieben (zu „Weihnachtskarten").

Fröhliche Weihnachten!

Engelkarten

Auf diesen Karten bestimmen Engel, dargestellt als kleine Mädchen mit Flügel, das Bild. Zum Teil sind sie in eine weihnachtliche Umgebung (Schneelandschaft, Sternenhimmel) gesetzt. Ist ein einzelnes Mädchen, ob groß oder klein, ohne Flügel zu sehen, handelt es sich um das Christkindchen: Dieses Motiv gehört aber in die Gruppe Gabenbringerkarten.

Landschaftskarten

Das sind die Karten, die uns heute am meisten ansprechen, obwohl sie oft „zu gewollt" wirken. Schnee, glutroter Himmel, Ortschaften mit Personengruppen im Vorder- oder Mittelgrund, vor allem Kirchen mit hell-erleuchteten Fenstern in idyllischer Umgebung, aber auch Waldszenen mit Waldtieren sollen Weihnachtsstimmung erzeugen.

Poststempel vom 23. Dezember 1905 (zu „Weihnachtskarten").

Objektkarten

Auf diesen Karten sind einzelne Häuser, alleinstehen-de Kirchen oder Kapellen, Mühlen, sonstige Gebäude wie alte Fachwerkhäuser, ja sogar Segelschiffe auf hoher See dargestellt. Eine Besonderheit im Rem-scheider Raum sind normale Ansichtskarten mit Wasserhämmern, Schleifkotten, Hofschaften und Häusergruppen, die mit dem vom Hersteller einge-druckten Weihnachtsgruß versehen sind, so die Hundsschüppe im Gelpetal, ein Bach zwischen Remscheid und Wuppertal.

Ausschnittskarten

Nur ein Teil der Karte, oft ein Kreis oder Ausschnitt , zeigt weihnachtliche Motive; diese Karten weisen vielfach Prägedrucke auf, sie sind oft goldfarben dekoriert und beschriftet.

Ohne Poststempel, um 1910
(zu „Weihnachtskarten").

Kombinierte Karten

Karten, die mehrere der obengenannten Kriterien aufweisen, kommen zahlreich vor. Die Hersteller wollten damit eine breite Palette den Käufern anbieten. Ein Zusammenhang der einzelnen Abbildungen ist selten zu erkennen.

Weihnachtskarten aus alten Tagen lassen uns ein wenig erahnen, etwas nachempfinden, mit wieviel Freude unsere Altvordern den schönsten Tagen des Jahres entgegensahen, wo der Hammer ruhte, der Schleifstein sich nicht drehte, der Webstuhl stillstand, der Federhalter auf dem Tintenfaß verharrte und der kleine Mann für eine kurze Spanne beinahe lebte wie ein wohlhabender Villenbesitzer.

Poststempel vom
25. Dezember 1901
(zu „Weihnachtskarten").

Poststempel vom 23. Dezember 1910 (zu „Weihnachtskarten").

Poststempel unleserlich, um 1910 (zu „Weihnachtskarten").

Poststempel vom 24. Dezember 1905
(zu „Weihnachtskarten").

Poststempel vom 24. Dezember 1914
(zu „Weihnachtskarten").

Poststempel vom 25. Dezember 1914 (zu „Weihnachtskarten").

Poststempel vom 22. Dezember 1902 (zu „Weihnachtskarten")

Poststempel vom 25. Dezember 1912 (zu „Weihnachtskarten").

38

Poststempel vom 22. Dezember 1916
(zu „Weihnachtskarten").

Poststempel vom 26. Dezember 1914
(zu „Weihnachtskarten").

*Weihnachtskarte
vom 16. Dezember 1915
(zu „Weihnachtskarten").*

*Ein Bild wie auf einer Weihnachtskarte
vor achtzig Jahren, aber ein Foto aus
unserer Zeit (1997).
Blick von der Niedersten Vorth (heute
Oberstüterstraße 30 und 32) in
Richtung auf die Oberste Vorth im bergisch-märkischen Grenzgebiet zwischen
Felderbach- und Wodantal)
(zu „Weihnachtskarten").*

Fröhliche Weihnachten!

Poststempel vom 25. Februar 1905 (zu „Weihnachtskarten").

Weihnachtszeit: Lebkuchenzeit

Weihnachtszeit ist auch gleichzeitig Lebkuchenzeit. Herstellung und Verzehr waren nicht nur auf den Weihnachtsmonat beschränkt, doch galt Lebkuchen von jeher als Festtagsgebäck.

Der wichtigste Grundstoff für die Lebzelterei, wie die Lebkuchenherstellung früher genannt wurde, ist der Honig. Das Gebäck läßt sich bis in die Antike zurückverfolgen.

Die ersten römischen Bäckereien, die Lebkuchen herstellten, entstanden um 170 vor Christi mit größter Wahrscheinlichkeit unter griechischem Einfluß.

Mit dem Vordringen der römischen Legionen kam diese Leckerei auch nach Mitteleuropa.

Eine Handschrift aus dem Kloster Tegernsee berichtet, daß die Mönche dieser Abtei bereits im 11. Jahrhundert Lebkuchen kannten.

In Schweidnitz ist für das Jahr 1293 eine Lebzelterzunft nachweisbar. Weitere Zünfte wurden 1357 in Oppeln und 1358 in Frankfurt gegründet. Im Mittelalter war die Lebküchnerei kein eigenständiges Handwerk, sondern gehörte zum Bäckerstand. Der Traditionsort des Lebkuchens, Nürnberg, erhielt erst 1493 eine eigene Zunft, und während des 30jährigen

Lebkuchen fand früher oft als Weihnachtsbaumschmuck Verwendung (zu „Weihnachtszeit: Lebkuchenzeit").

Krieges (1618–48) trennte der Rat der Stadt dieses Handwerk endgültig von den Bäckern.

Daß Nürnberg zu einem Schwerpunkt der Lebkuchenherstellung wurde, verdankt es vor allem den nahegelegenen Reichswäldern. Bienenstock um Bienenstock sollen hier gestanden haben. In machem Dorf war die Imkerei die Haupteinnahmequelle. Die Bienenzüchter, in dieser Region einst Zeidler genannt, hatten eine eigene Gerichtsbarkeit. In Feucht saß das sogenannte „Zeidelgericht". Erst 1779 stellte es seine Tätigkeit ein.

Für Nürnberg war der haltbare Honig-kuchen, die einfachere Art des Lebkuchens, bereits am Ende des Mittel-alters Ausfuhrgut. Konnte man doch dieses Gebäck unbeschadet bis in entfernteste Gebiete versenden. Aber große Mengen wird man nicht exportiert haben, denn die Zunftordnung schrieb vor, daß innerhalb der Stadttore zwölf und außerhalb des Maurerrings zwei Lebzeltereien arbei-ten durften.

Nürnberg war nicht die einzige Stadt im deutschen Volksraum, die ob ihres Lebkuchens gerühmt wurde. Aachen war und ist berühmt wegen seiner Printen. Breslau, Königsberg, Liegnitz und Thorn waren bekannt für ihre Lebkuchen-Spezialitäten, Ulm, Augsburg und München haben einen guten Klang. Die Küsten-Hansestädte nicht minder. Sie bezogen den Honig meist aus der Lüneburger Heide. Und das nahe Köln rühmte sich seiner Pfefferkuchen.

Spöttisch als Lebkuchenkrieg, der beinahe 200 Jahre andauerte, bezeichnet man einen Streit zwischen zwei „Lebkuchenstädten", nämlich Königsberg und Thorn. Die Thorner stützen sich auf ein landesherrliches Privileg von 1557.

Viel Ärger gab es in der Vergangenheit auch für Nürnberg. Bis ins 20. Jahrhundert hinein waren die Lebkuchen aus dieser Stadt nicht geschützt. Erst 1928 entschied das Berliner Kammergericht endgültig, daß nur Waren aus Nürnberg als „Nürnberger Lebkuchen" bezeichnet werden dürfen. Der Streit ging darum, ob der Name sich auf die Herkunft oder Beschaffenheit bezieht. Bis heute hat dieses Urteil Gültigkeit.

Lebküchner und Bäcker durften in späterer Zeit vielerorts nicht unter einem Dach arbei-ten. Die Ausbildungszeit eines Lebküchners war genau vorgeschrieben. Die Lehrzeit betrug meistens vier Jahre. Lebkuchenhersteller waren gleichzeitig Wachszieher, denn der Honig wurde damals in den natürlichen Waben angeliefert und erst von diesen geläu-tert, d. h. vom Wachs getrennt. Dieses Material diente in erster Linie zur Kerzenanfertigung. Durch das flüssige Wachs zog man mehrmals den Docht, bis der ver-langte Durchmesser erreicht war. Andachtsbilder und sonstige Darstellungen aus Wachs – heute wieder im Handel zu erhalten – stellten die Lebküchner ebenfalls her.

In einigen Zunftordnungen wurde verlangt, daß der Geselle auch Model (Formen) ste-chen könne. Doch scheinen nur wenige diese Kunstfertigkeit beherrscht zu haben. Gehörte ein Geselle zu dem kleinen Kreis dieser Könner, so stand er in hohem Ansehen. Bei Tisch saß er gleich neben dem Meister. Sicherlich stammen die meisten Model aus

43

Schnitzwerkstätten, aber auch Goldschmiede und Graveure sollen diese Formen hergestellt haben. Gegen Ende des 19. Jahrhunderts wurde der in Modeln hergestellte Lebkuchen von der aufblühenden Süßwarenindustrie verdrängt. Nicht in Modeln hergestellter Lebkuchen, der weniger Arbeit erfordert, eroberte den Markt. Doch schmückte man sie oft mit Zuckerguß-Ornamenten oder beklebte sie mit knallig bunten Papierdrucken. Auf herzförmigen Lebkuchengebilden kann man oft Sprüche lesen, die gleichfalls mit Zuckerguß aufgebracht sind.

Ein Blick auf das Süßwarenangebot in der Weihnachtszeit heute läßt erkennen, daß fast keine „gemodelten" Lebkuchen mehr zu bekommen sind. Die mit den farbigen Drucken beklebten sind kaum mehr zu sehen. Und auf diese Bildchen waren die kleinen Mädchen von einst so erpicht. Zierten sie doch, nachdem das Lebkuchenstück schon längst vergessen war, die in jenen Tagen so populären Poesiealben.

Ein Paket, dessen Inhalt der Aufkleber verrät: Lebkuchen
(zu „Weihnachtszeit: Lebkuchenzeit").

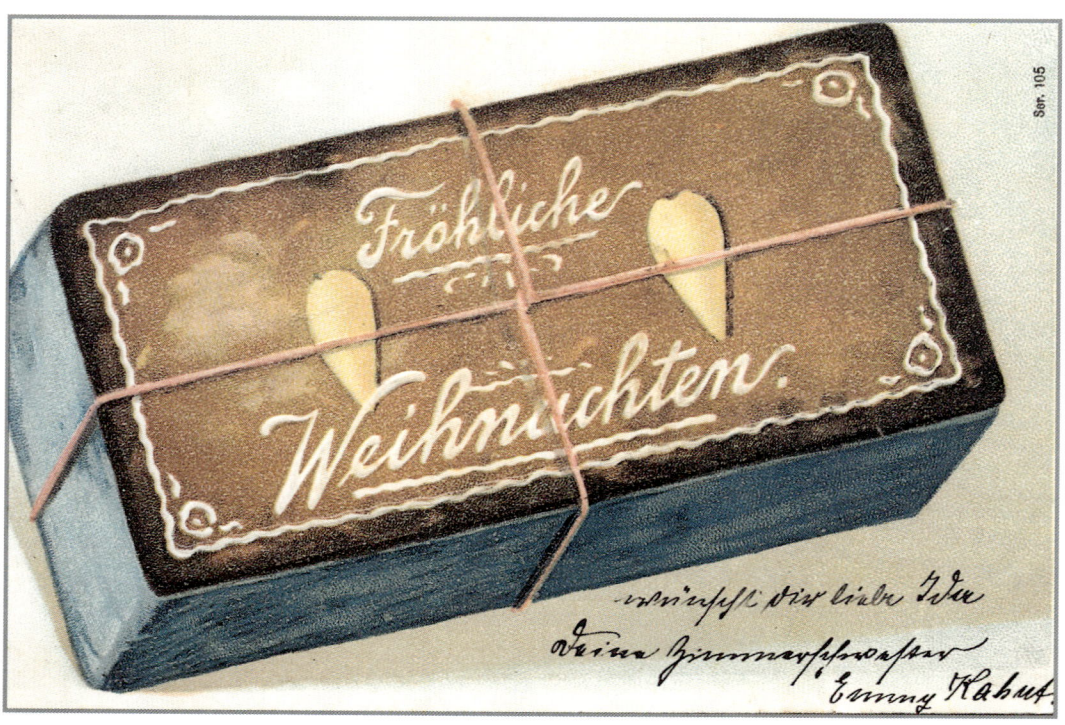

Waffeln gehörten zum Weihnachtsfest

Waffeln zählten in vielen Gegenden zu den Festgebäcken. Vor allem um die Weihnachts- und Neujahrszeit scheinen sie eine bevorzugte Stellung unter den Schmausereien eingenommen zu haben.

In vielen kulturhistorischen Museen sind Waffelzangen ausgestellt und zeugen von ihrer einstigen Verwendung. Im Bergischen Land können sie seit über 250 Jahren nachgewiesen werden. Vermutlich waren sie hier schon früher bekannt. Im Jahre 1766 wird in Remscheid ein Waffeleisenschmied genannt.

Das älteste Bildzeugnis, das ein Waffeleisen und Waffeln zeigt, ist von dem niederländischen Maler Hieronymus Bosch (1450–1516) überliefert. Auf seinem Bild „Fastnachtszene mit Waffelbäckerei" sieht man eine um den Kamin versammelte Gesellschaft, deren Mittelpunkt eine ältere, hakennasige Frau ist, die gerade eine Waffel dem Eisen entnimmt. Vor ihr liegen auf einem Teller mehrere Waffeln, und die Schüssel mit dem Teig ist ebenfalls im Vordergrund zu erkennen.

Von dem Amsterdamer Pieter Aertsen (1509–1575) stammt ein Bild mit dem Titel „Waffelbäckerei". Ebenso bei dem Niederländer Breughel (16. Jahrhundert) finden wir auf mehreren Bildern Waffeln.

Auf der Domuhr in Münster in Westfalen war eine Familie beim Waffelbacken abgebildet. Beinahe andächtig umgibt sie den Kamin. Ein Mann verrichtet die Backarbeit, während die Hausfrau dicht dabei sitzt, um den Backverlauf wohl zu überwachen. Das Bild stammte aus dem 16. Jahrhundert.

Im Bergischen Land wurde das Waffelbacken mit der Waffelzange vielfach von Männern erledigt. Es gibt gemütvolle Schilderungen von längst Dahingegangenen, die in ihrer Jugendzeit ähnliche Backzeremonien mitgemacht haben. Hier wird der Vater als Waffelbäcker genannt. Der Grund, warum oft Männer backten, ist einleuchtend: Die Handhabung der Waffelzange ist eine schwere Arbeit.

Ein altes Spielzeug-Waffeleisen,
das funktionstüchtig ist.
Durchmesser: 13 cm
(zu „Waffeln gehörten zum
Weihnachtsfest").

In Ostfriesland und den südlich angrenzenden Gebieten war es allgemein verbreitet, bei Neujahrsbesuchen Waffelkuchen anzubieten. In der Umgebung von Lieberhausen im Oberbergischen sind „Niggejahrskauken" (Neujahrskuchen) aus Hafermehl und geriebenen Möhren bekannt, die bereits vor Weihnachten gebacken und natürlich auch auf der Weihnachts-Kaffeetafel waren.

Als Fastnachtsgebäck standen sie in manchen Gegenden hoch im Kurs: Um das Jahr 1600 werden Waffeln als Karnevalsgebäck im Jülicher Land und in den Niederlanden erwähnt. Bereits 1594 sind „Isernkoken" in der Fastnachtszeit in Schleswig-Holstein nachweisbar, und unter Isernkoken (Eisenkuchen) sind die in Eisenformen gebackenen Waffeln zu verstehen. Noch um 1900 wurden sie in Anhalt Eiserkuchen genannt. Aber auch im Oberbergischen und in Niedersachsen sind sie unter diesem Namen bekannt gewesen.

Überhaupt sind die Bezeichnungen für die Gebäcke, die mit den zangenförmigen Handeisen hergestellt wurden, zahlreich. 1716 sagten die Hamburger Eisenbrot dazu. In der Altmark nannte man sie zu Kaiser Wilhelms Zeiten Zangenkuchen. Klemmkuchen und Kneifkuchen sind ebenfalls norddeutsche Namen. Das Wort Waffel ist niederdeutsch und hat sich heute allgemein eingebürgert.

Waffel ist jedoch nicht gleich Waffel. Werden die Backempfehlungen aus mehreren Jahrhunderten und verschiedenen Landschaften geprüft, so staunt man, welche verschiedenartigen Gebäcke mit diesen Eisenformen hergestellt werden können. Einmal schreiben die Rezepte dünnflüssige, ein andermal dickflüssige Teige vor, gesüßte und ungesüßte, fettlose sowie reine Fettgebäcke sind aufgeführt. Ein Nürnberger Kochbuch von 1702 und ein Itzehoer Kochbuch von 1766, die Waffelrezepte enthalten, zeigen an, daß von Franken bis hoch in den Norden Deutschlands Waffeln im Barockzeitalter beliebt gewesen sein müssen.

Kochbücher sind es auch, die uns sagen, daß die Franzosen im 17. und 18. Jahrhundert Waffeln gebacken und wahrscheinlich ebenso gern gegessen haben wie Deutsche und Niederländer.

Die Waffelzangen treten nicht nur in rechteckigen, sondern auch in runden und in anderen geometrischen Formen auf. Im niederländisch-flämischen Raum überwiegen die rechteckigen Formen. Ebenso kommen sie oft im Innerbergischen vor. Im allgemeinen werden wohl rechteckige Formen mehr für schwere Gebäcke bestimmt gewesen sein. Runde Eisen ohne Karomuster ergeben durchweg zartere Gebäcke, die oft zu Hörnchen geformt wurden. Die Bezeichnung „Röllekes" im Arnsberg-Mescheder Gebiet besagen dies anschaulich.

Seit fast 500 Jahren sind also Waffeln bekannt. Jahrhundertelang war die Zange die alleinige Backform. Erst im vorigen Jahrhundert, und zwar im letzten Viertel, löste – zumindest im Bergischen Land – die gußeiserne Waffelpfanne die geschmiedete Zange ab. Die Pfannen konnten auf die sich mehr und mehr durchsetzenden Küchenherde gestellt werden, somit entfiel die schwere Arbeit des Zangenhantierens.

Waffelzangenschmiede hatten ausgedient. Von da ab war das Waffelbacken wieder die alleinige Domäne der Hausfrau.

Einen besonderen Dienst erwies ein Hersteller von Waffelpfannen manchen Hausfrauen, indem er das Rezept mit erhabenen gegossenen Buchstaben auf dem Deckel anbringen ließ. Heute sind diese Waffelpfannen „eiserne Urkunden".

Printenmänner

Früher wurden zu verschiedensten Zeiten im Jahr Gebildbrote verschenkt. Darunter sind aus Spekulatius-, Printen- oder sonstigem Teig existierende Figuren zu verstehen, die in hölzernen Formen ihre Gestalt erhalten. Die bretterartigen Formen nennt man Model. Groß war die Anzahl der Motive, die sich nach dem Inhalt der Feste richteten: Märchenszenen für Kindergeburts- und Namenstage, ein Lamm als Osterzeichen, Blumengebinde oder Fruchtkörbe zum neuen Jahr, am Martinstag den Heiligen zu Pferde, Herzformen für Brautleute, Engel und Weihnachtsmänner bzw. den St. Nikolaus zur Advents- und Weihnachtszeit. Dazu kamen noch unabhängig von den privaten und jahreszeitlichen Feiertagen: Herrenreiter, Kriegshelden, Dragoneroffiziere zu Pferde, Barockkavaliere, Bauersleute, Jagdszenen, Schiffe, Kutschen, Häuser, Windmühlen, Wappen-, Haus-, Feld-, Wald- und Wassertiere.

Heute hat das Gebildbrot vornehmlich während der Adventswochen Hochkonjunktur. Durchweg ist der Weihnachtsmann zu sehen, der das bei uns heimische Christkindchen als Gabenbringer mehr und mehr verdrängt, oder der Nikolaus. Vereinsvorstände verschenken auf ihren Feiern, besonders in den Vorweihnachtswochen, gerne Gebildbrote von beträchtlicher Größe an verdiente Mitglieder. Sie erreichten zuweilen eine Länge von 1,60 Meter.

Nach der meist verwendeten Backware heißen die Gebildbrote im Volksmund „Printenmänner". Die Größe der „Printenmänner" wird nicht nach deren Länge angegeben, sondern immer noch – wie in alten Zeiten – nach der Mehlmenge, also ein Viertel-, ein Halb- oder ein Pfündigerprintenmann, sogar Zwei- und Dreipfündige – sollen schon hergestellt worden sein. Länge, Breite und Dicke ergeben sich somit nach der vom Printenbäcker ausgegebenen Mehlmenge.

Wenn die vorgesehene Teigmasse in den notwendigen Maßen ausgerollt ist, wird sie in das mit Mehl bestäubte Model gedrückt und mit der Fläche des Models gleichgestrichen. Dann nimmt der Bäcker die ausgeformte Teigmasse sorgfältig aus der Holzform heraus und legt sie mit der flachen Rückseite auf das Backblech. Der Backvorgang dauert etwa zehn Minuten bei ungefähr 200 Grad Celsius.

Anschließend wird der „Printenmann" mit Zuckerguß garniert. Damit können kleine, schadhafte Stellen, die beim Entleeren des Models entstehen, ausgebessert werden. Schließlich ist es kein hartes Eisen, das der Backform entnommen wird, sondern ein weiches Gebäck.

Gebildbrot-Model sind heutzutage als Zimmerschmuck sehr beliebt. Einrichtungshäuser bieten neugeschaffene für gutes Geld an. Alte und benutzte, sogenannte Antike aus der Zeit vor 1900 oder noch früher, sind selten zu finden. Diese haben auf beiden Flachseiten die bildhaften Vertiefungen für den Backteig, neuhergestellte nur auf einer Seite, die Rückwand ist unbearbeitet: Man sieht sie ja nicht, wenn das Model in der Eßecke hängt.

Birnholz, am besten kurzfaseriges, war der Werkstoff in vergangenen Tagen. Da es derartiges Holz zur Jetztzeit kaum noch gibt, benutzt der „Formenstecher" heute fast immer Eschen-, Linden- oder Eichenbretter. Etwa 70 Werkzeuge benötigt ein handwerklich arbeitender Model-Hersteller. Für eine Großfigur müssen anderthalb bis zwei Tage Arbeitszeit angesetzt werden. Über die Zusammensetzung der „Printenmänner" geben die Bäcker kaum Auskunft. Es ist ihr Betriebsgeheimnis.

Die bergischen Edelstahlhersteller des 18. Jahrhunderts, die Raffinierstahlschmiede (hier ein heimatlicher Hinweis), verrieten ihre Stahlrezepte ebenfalls nicht. In einigen Branchen soll das immer noch üblich sein.

Freuen wir uns, wenn wir auf Weihnachtsmärkten oder Adventsveranstaltungen „Printen-Weihnachtsmänner" sehen. Sie gehören zum schönsten deutschen Fest. Sie grüßen uns aus einer Zeit, als noch aufrichtige Vorfreude während der Adventswochen auf Weihnachten allerseits vorhanden war, als die Weihnachtstage besinnlich und inniglich begangen wurden, der oft zitierte kleine Mann eine kurze Zeit verbringen durfte wie ein „Besserer", wie damals die wohlhabenden Mitbürger von der unteren Schicht genannt wurden.

Die Weihnachtsnüsse von Onkel Abraham

„Vom Himmel hoch, da komm ich her, ich bring' euch gute, neue Mär", so klang es über den Platz vor der kleinen Haukammer (Feilenhauer-Werkstatt) mitten in einer bergischen Hofschaft. Wer genau hinhörte, merkte, daß die singende Kinderschar den Text nicht so sang, wie es der Dichter im Jahre 1535 gereimt hatte. Vor allem die Kleinsten taten sich darin hervor. Wer die Strophen nicht auswendig kannte, trällerte das festliche Weihnachtslied auf französisch, ja, auf französisch. So jedenfalls hatte es ihnen Üöhm Oweram (Onkel Abraham) beigebracht: „Wer die Worte nicht im Kopfe hat, der soll ruhig „la, la, la" singen. So singen nun mal die Leute weit jenseits des Rheins", meinte er. Er wollte dadurch dem kleinsten Knirps ermöglichen, am täglichen Vorweihnachts-Ständchen vor seiner Haustubentür teilzunehmen. Jedes Kind, das dort in der frühen

So ähnlich muß die Haukammer (Werkstatt) von Onkel Abraham ausgesehen haben, der Kinder in der Vorweihnachtszeit mit Nüssen belohnte, wenn sie vor seiner Haukammer Weihnachtslieder sangen (zu „Die Weihnachtsnüsse von Onkel Abraham").

Der 1868 geborene Feilenhauer Courts im Jahre 1940 in seiner Haustube in der Hofschaft Stollen (Leyerbachtal, Remscheid).

Dämmerstunde nach besten Kräften versuchte, den von Tag zu Tag anders besetzten Chor stimmlich zu bereichern, erhielt von dem kauzigen, gutmütigen Junggesellen Nüsse, mal Walnüsse, dann Hasel-, manchmal nur Erdnüsse. Üöhm Oweram gab den jungen Sängern für jede Strophe eine Nuß. An diese Regel hielt er sich streng. Da Luthers Weihnachtslied über ein Dutzend Strophen lang ist, hätte das dem schnauzbärtigen, hageren Alten, der seine Glatze stets mit einer uralten, abgetragenen „Lütterkuser Kappe" bedeckte, empfindlich teuer werden können. Doch unser Feilenhauer, der in der Adventszeit beim nahegelegenen Krämer Nüsse eimerweise einkaufte, hatte da ein „probates Mittel parat". So mußten die älteren Kinder die einzelnen Strophen klar und deutlich singen, was ihnen meistens nur bis zur dritten gelang.

Kam es aber doch hin und wieder vor, erklärte Üöhm Oweram kategorisch nach dem vierten Liedvers die gerade gesungene Weise für falsch. Selbst wenn einige der Sänger, die den Kindergottesdienst besuchten, genau wußten, daß Üöhm Oweram sich irrte, protestierten sie nicht, denn dann verstand – es war vorgekommen – der spendable Alte keinen Spaß mehr: Der Nußsegen blieb aus. Also ließ man, wie heißt es doch, fünf gerade sein, um des Sängerlohnes willen. Drei bis vier Nüsse gab es höchstens. Nun, vor dem Ersten Weltkrieg war das schon was, und kein Kind, das erwartungsvoll mit inbrünstiger Stimme gesungen hatte, wollte leer ausgehen.

Üöhm Oweram bat dann die Kinderschwitte (-schar) in seinen Arbeitsraum, wo der Kanonenofen eine behagliche Wärme verbreitete.

Üöhm Oweram, der ein – wie es im Bergischen heißt – richtiger Weihnachtsvogel war, zündete dann eine Kerze an. Immer nur eine, auch am letzten Sonntag vor Weihnachten. Er hätte sonst zu viele der teuren Wachslichter verbraucht, und das sah der gute Oweram nicht ein. Nüsse waren den Kindern lieber, und die verschlangen manchen Taler.

Dann begann die große Zeremonie. Einzeln legte Üöhm Oweram die Nüsse in die aufgehaltenen kleinen Hände. Hatte jedes Kind seinen Anteil erhalten, begann das Schalenknacken. Der Feilenhauer verfügte über einige Nußzangen, die sein Schwager herstellte. Den Kleinsten mußte er helfen. Nach einer viertel Stunde waren nur noch die Schalen übrig.

Anschließend gab es für die Kinder noch etwas zu tun. „Stille Nacht, heilige Nacht" mußte gesungen werden, allerdings nur eine Strophe. War die Abenddunkelheit schon sehr nahe, zerstreute sich die Kinderschar. Üöhm Oweram war wieder allein. Er schloß dieTür ab und begab sich in seine Junggesellenwohnung.

Bis in unsere 70er Jahre hinein hieß es in dieser Ortschaft noch:
Et schmackt wie die Chreßdags-Nüäte vam Üöhm Oweram.
Auf hochdeutsch: Es schmeckt wie die Weihnachtsnüsse vom Onkel Abraham.

Die Bescherung rückte in den Mittelpunkt des Festes

Weihnachten als „Fest der Geschenke" ist im Bergischen noch nicht sehr alt. Erst im vorigen Jahrhundert hören wir davon. Vorher war es ein rein christliches Fest zum Gedenken an die Geburt des Jesus von Nazareth, der in Bethlehem zur Welt kam. Kleine Geschenke, meist Süßigkeiten, Äpfel oder Nüsse, erhielten die Kinder hierzulande – wie Chronisten berichten – einst am Nikolaustag, so wie heute noch in Holland. Ob diese Sitte in unserer Region sehr verbreitet war, ist nicht zu ermitteln. Die Quellenlage ist äußerst dürftig. Ebenso sind Schriftzeugnisse über die Adventswochen und über Weihnachten spärlich vorhanden und späten Datums. Oft handelt es sich um Erzählungen oder Mitteilungen längst Verblichener, die diese allerdings meist von den Eltern oder Großeltern vernahmen, somit subjektiv gefärbt sind, weil die Erinnerung alles rosiger zu

Weihnachtsstube eines Barmer Textilfabrikanten um 1905. Sorgfältig sind die Geschenke auf dem Tisch und auf dem Boden aufgebaut. Ein großer Jugendstilspiegel im Hintergrund läßt die Lampe und den Eingang zu diesem Zimmer widerspiegeln. Der Baum ist nicht nur mit Kugeln und Glasperlenketten geschmückt, sondern auch mit Holzfigürchen (zu „Die Bescherung rückte in den Mittelpunkt des Festes").

sehen pflegt. So müssen wir uns in anderen Landstrichen umschauen, wo die Quellenlage besser ist als im Bergischen Land.

Weihnachten vor der Reformation (16. Jahrhundert) kannte keine Festgeschenke. Zum Jahreswechsel jedoch war es nicht unüblich, daß hohe Herren untereinander kleine Geschenke austauschten, die fürs kommende Jahr Glück bringen sollten.

Seit dem ausgehenden Mittelalter (Ende um 1500) wurden Bedienstete von ihren Herrschaften um Weihnachten mit Gaben bedacht. Doch waren dies keine Geschenke im modernen Sinn; es handelte sich um Gebeverpflichtungen, die auf rechtlichen Grundlagen fußten. Es war ein Teil des Lohnes in Naturalien.

Im Laufe des 18. Jahrhunders entwickelte sich die Bescherung – aber nur bei sehr Wohlhabenden – zum Hauptereignis der weihnachtlichen Familienfeier. Einem zeitgenössischen Bericht zufolge ließ der preußische König am Heiligen Abend des Jahres 1729 verschiedene Kostbarkeiten von Silber und allerhand Spielsachen ins Berliner Schloß bringen. Der Monarch hatte die Teile auf dem Berliner Weihnachtsmarkt „in

Wenn auf Ansichtskarten Bescherungsszenen abgebildet sind, handelt es sich fast immer um Bilder aus dem bürgerlichen oder großbürgerlichen Milieu. Schaukelpferd, Kürassieruniform für den Jungen, Puppenstube und Puppenwagen für das Mädchen waren in Arbeiterkreisen in dieser Güte nicht üblich. Zudem hatte vor 1914 beinahe jede Familie eine große Kinderschar. Geld war somit knapp.
Die Ansichtskarte trägt den Poststempel vom 24. Dezember 1901
(zu „Die Bescherung rückte in den Mittelpunkt des Festes").

Augenschein" genommen. Einen solchen „Weihnachtseinkaufs-Gang" soll er in den nächsten Jahren wiederholt haben.

Der Maler Daniel Chodowiecki fertigte 1776 eine Radierung mit dem Titel „Weihnachtsgeschenke für kleine Kinder" an. Um 1800 war Weihnachten in Berlin schon ziemlich seines religiösen Charakters entkleidet.

Der Gottesdienst hatte nur noch eine untergeordnete Bedeutung: Eine stimmungsvolle Veranstaltung als Auftakt zur Familienfeier und, da nur die Kinder Geschenke erhielten, zum Kinderfest.

Im Laufe des 19. Jahrhunderts drang die adlige und bürgerliche Festauffassung langsam, aber stetig in alle Kreise der Bevölkerung ein. Die große Bescherung am Weihnachtsmorgen rückte auch im Bergischen in den vergangenen 150 Jahren immer stärker in den Vordergrund des Festes. In einer Region, die nicht zu den frömmsten unseres Vaterlandes gehörte und gehört, trat, genau wie in Berlin, eine Verweltlichung der Weihnachtstage ein.

Drei Familien in einer Weihnachtsstube des Jahres 1925 zu Remscheid-Rosenhügel. Die Mädchen halten die vom Christkindchen gebrachten Puppen in den Armen. Unter dem Weihnachtsbaum liegen die Geschenke, darunter eine Petroleumlampe für Foto-Entwicklungsarbeiten. Die Gasbeleuchtung ist ausgeschaltet, denn der „Baum brennt" (zu „Die Bescherung rückte in den Mittelpunkt des Festes").

Bezeichnend ist die Frage einer Lehrerin in den Adventswochen des Jahres 1935 an ihre Abc-Schützen: „Warum feiern wir Weihnachten?" Niemand meldete sich. Doch dann faßte sich ein Junge angesichts der unwissenden Mitschüler ein Herz, hob den Arm, erhielt das Wort: „Weil wir uns beschenken!" Die Lehrerin meinte: „Ja, auch deswegen. Aber warum gerade an diesem Tag?" Das wußte keiner der etwa 40 Schüler. Staunend vernahmen sie, daß es der Geburtstag Jesu sei. Zwar kannten die Sechsjährigen einige gefühlvolle Weihnachtslieder, in denen die Ankunft des Heilands besungen wird, inhaltlich begriffen hatten sie jedoch wenig davon. Und die Eltern? Nun, die hatten den Kindern die wundersame Botschaft vorenthalten. Vermutlich waren ihnen die Zusammenhänge ebenfalls unklar. Daß ein Tannenbaum zu Weihnachten gehörte, wußten die Knirpse allemal. Wie er zu schmücken war auch: „Mit silbernen Kugeln und Lametta". Um diese Zeit wurden beinahe alle Christbäume im Innerbergischen damit festlich hergerichtet. Der Weihnachtsbaum setzte sich hier allerdings erst im letzten Drittel des vorigen Jahrhunderts endgültig durch.

Weihnachten 1929 im bergisch-märkischen Grenzgebiet. Die Kinder schlafen. Die Erwachsenen sind unter sich (zu „Die Bescherung rückte in den Mittelpunkt des Festes").

Weihnachten 1934 in einer
Remscheider Familie. Hinter
der Großmutter (links) ist der
Weihnachtsbaum zu erkennen.
Auf dem Gabentisch steht eine
Ritterburg, davor ein Kipp-
Lastwagen aus Blech. Beide
Geschenke sind mit sieben
Zentimeter hohen Plastik-
figuren bestückt. Im Vorder-
grund der reichbeschenkte
Sohn, auf dem neuen Schlitten
sitzend
(zu „Die Bescherung rückte in
den Mittelpunkt des Festes").

Weihnachts- angebote im Remscheider Dorf vor 1863

Vor Weihnachten warben in der Presse Remscheids Einzelhändler um mögliche Kunden, die allerdings um 1860 nur sogenannte „Bessergestellte" interessiert haben mögen. Großspurig sprachen die Ladeninhaber von Weihnachtsausstellungen. So inserierte J. E. Arntz am 7. Dezember 1851: „Meine Ausstellung von Kinderspielsachen sowie passende Geschenke für Erwachsene bringe ich in gütiger Erinnerung." Auf der gleichen Seite empfiehlt er in gesonderter Anzeige feinen Mokka-Kaffee, neue Zwetschgenmarmelade und oberländisches Weizenmehl. Der Einzelhändler Arntz hatte wohl im wahrsten Sinne des Wortes eine „Gemischtwarenhandlung".

Ein Jahr zuvor ließ eine heute noch bestehende Buchhandlung in einer großen Anzeige vor dem Fest beinahe ihr ganzes Sortiment in einer Annonce ein- rücken: „Spielwaren für Kinder, passende Geschenke für Erwachsene, die zur bequemen Ansicht und Abnahme aufgestellt sind. Eine schöne Auswahl von Gesang- und Gebetsbüchern, Zigarettentaschen mit und ohne Stahlbügel, Portemonnaies, Brieftaschen, Stammbüchern, Zeichnungsgerätschaften und Bilder- büchern für jedes Alter passend." Dinge, die sich ein Zangenfeiler oder Fuhrknecht kaum leisten konnte.

In der Vorweihnachtszeit des Jahres 1861 bot die Buchhandlung Hermann Krumm ein Geschenk an, wel- ches heute einen außerordentlichen finanziellen und ideellen Wert darstellen würde: eine Ansicht von Rem- scheid mit Randansichten (am Bildrand befindliche Einzelansichten, z. B. von der Stadtkirche). Das wohl als Lithographie hergestellte Bild kostete immerhin einen Taler und zwanzig Silbergroschen. Für diesen Betrag gab es um diese Zeit im Oberbergischen 66 Pfund Brot und im Wuppperviereck sage und schreibe sechs Liter Branntwein.

Stearin-Lichter, große und kleine, für Christbäume bot Frau Albert Wiebel 1861 an. Ein Beweis dafür, daß Weihnachtsbäume damals in Remscheid in den „Guten Stuben" standen, wenn auch noch für einige Zeit nicht in jeder Wohnung. Weiterhin machte Frau Wiebel auf Nähschränkchen, Nußknacker, Puppenwiegen und sonstige Artikel, die – wie sie glaubte – sich zu Weihnachtsgeschenken besonders eignen, aufmerksam.

„Meine Weihnachtsausstellung ist in diesem Jahre namentlich mit sehr vielen Artikeln versehen" meinte

Reinhold Berger. Deshalb lud er „zu recht fleißigem Besuch ergebenst" ein.

Die Remscheid-Ansichten, die bei Hermann Krumm 1861 zu erhalten waren, müssen ungeachtet des respektablen Preises gut verkauft worden sein, denn in den Adventswochen des nächsten Jahres bot er sie nicht mehr an, dafür aber Bücher und Jugendschriften sowie Bilderbücher. Kurz und bündig mit nur sieben Wörtern ließ 1862 Remscheids bekanntester Spielzeughändler, der Pöppkes Wellem (Püppchens Wilhelm), in der jetzigen Alten Bismarckstraße, gegenüber der Neustraße, verkünden: „Kinderspielwaren in großer Auswahl bei Wilhelm Duisberg."

Anzumerken ist, daß Spielwaren in jenen Tagen fast nur aus Holz bestanden. Der Siegeszug der Blechspielzeuge setzte erst Jahrzehnte später ein. Puppen hatten meistens Porzellanköpfe, zuweilen waren sie auch aus Holz gefertigt. Körper, Arme und Beine bestanden aus gefüllten Leder- oder Tuchteilen.

Zu einer Zeit, als noch keine Musikkonserven die Ohren zu allen Stunden belästigten, waren mechanische Musikwerke gefragt – und teuer, nicht an jedem Ort erhältlich. So warb Ferdi Krause aus dem nahen Elberfeld am 13. Dezember 1861 für seine Musikdosen von vier Talern an aufwärts. Für sieben Taler gab es Drehorgeln und Harmonikas aus seiner eigenen Fabrik. Ob deswegen ein begüterter Remscheider sich nach Elberfeld begab, mit der Kutsche, zu Fuß den Weg zurücklegend? Die Eisenbahn dampfte erst ab 1868 in den Remscheider Bahnhof ein!

Was hatten Remscheids Läden im Jahre 1885 auf Lager?

Für viele unserer Zeitgenossen ist das Weihnachtsfest der Ruhepunkt nach langer Streßstrecke im Berufs-alltag. Ob allerdings berufstätige Mütter diese Tage genießen können, ist mehr als zweifelhaft: Für sie sind es Arbeitstage! „Ja, Weihnachten, das ist auch schon lange nicht mehr das, was es war", hörte man bereits vor Jahrzehnten alte Leute klagen.

Und in der Tat, das Fest der Feste hat viel von der einstigen Bedeutung, seiner Innerlichkeit verloren, die es einst im deutschen Kulturraum hatte. Schon Peter Rosegger (1843–1918) läßt in seiner Weih-nachtsgeschichte „Als ich Christtagsfreuden holen ging" den „Grünen Kilian", einen früheren Forst-gehilfen, ketzerisch sagen: „Der Reiche, ja, der hat jeden Tag Christtag; unsereiner hat jeden Tag Karfreitag." Und wenn jemand immer Karfreitag hat – gemeint ist damit die einfache Kost –, dann freut er sich natürlich schon wegen des gut gedeckten Tisches auf die „chreßhellige Dag" (christheilige Tage), wie das Fest auf Platt heißt. Vor über 100 Jahren war für viele Kinder der mit Süßigkeiten, Äpfeln und Nüssen gefüllte Teller das Wichtigste auf dem weihnachtli-chen Gabentisch. Neben den hausgebackenen

In der Bismarckstraße (heute Alte Bismarckstraße), gegenüber der Neustraße, hatte Remscheids damals bekanntester Spielwarenhändler, Wilhelm Duisberg, genannt Pöppkes Wellem, seinen Laden (zu „Was hatten Remscheids Läden 1885 auf Lager?").

Die Aufnahme wurde am 13. Juli 1893 nur wegen der Straßenbahn gemacht. So aber besitzen wir heute ein Bild vom Geschäftslokal des „Pöppkes Wellem".

Plätzchen fand wohl wenig Schokolade und Marzipan dort Platz. Diese Leckereien waren für die Kinder des „kleinen Mannes" einfach zu teuer. Schauen wir uns nun an, was in jenen Adventswochen des Jahres 1885 auf der „Allee", am Markt und den angrenzenden Straßen und Gassen auf Käufer wartete, die im allgemeinen über weit weniger „Kaufkraft" verfügten als wir verwöhnten „Immer-noch-Wirtschaftswunder-Kinder".

Die Delikatessenhandlung von E. Hartung empfiehlt für die Feiertage französisches und italienisches Geflügel von prima Qualität, Kaviar, Pasteten, feine Fleischwaren, Käse und Konserven. Hartung liefert diese Köstlichkeiten auf kalten oder warmen Schüsseln auch ins Haus; doch bittet er, die Aufträge früh zu erteilen. An süßen Sachen lagern bei ihm: Marzipantorten, Konfekt, Schokoladenfiguren und Baumkonfekt als Christbaumschmuck. Sein Konkurrent, Johann Brüssermann, Ecke der Kronen- und Stachelhauser Straße inseriert vier Tage vor Weihnachten, daß bei ihm „schwere" Hasen, frische Schellfische, Seezungen, Reh und Geflügel aller Art zu haben sind.

Adolph Schürmann – seine Filialen sind älteren Remscheidern noch in Erinnerung – läßt es etwas einfacher angehen, wenn er getrocknete Birnen, Ringäpfel, türkische Pflaumen, Feigen, Tafelrosinen und Prinzeßmandeln anpreist.

An die schmalen Geldbeutel wendet sich Frau Ww. Tillmanns in der Kronenstraße 20 (später Johanniterstraße). Bei ihr kann „dickes, fettes Rindfleisch", vier Pfund zu zwei Mark, gekauft werden. Eine fette Rindfleischsuppe verachteten die Damaligen nicht.

Üblich sind 1885 auch groß angekündigte Weihnachtsausstellungen. Die Konditoreien Geschwister Molitor, Bismarckstraße 34, Reinhold Jansen am Markt und Hugo Korff, Elberfelder Straße 3, verweisen durch Anzeigen auf ihre Präsentationen.

Feinsten gebrannten Kaffee ab 90 Pfennig bis zu 1,70 Mark und rohe Bohnen ab 80 Pfennig bis zu 1,60 Mark halten die Geschwister Ibach, Inhaberin Franziska Wilhelmine Ibach, Blumenstraße 37, bereit. Interessant dürfte folgende Anzeige sein: „Für 18 Mark versende ich franco nach allen Stationen Deutschlands 25 Liter meines selbstgekelterten, kräftig-milden 1880er Rheinweines unter Garantie der Echtheit." Der Winzer, Fritz Ritter, wohnte in Bad Kreuznach.

Neben Schleckereien sind für Kinder natürlich Spielsachen das A und O unterm Weihnachtsbaum. August Paß in der Alleestraße 52 rühmt sich besonders der 50-Pfennig-Spielzeuge, auch verkauft er die heute so geschätzten Puppen mit Porzellan- oder Wachsköpfen. Gliederpuppen möchte Frau Wilhelm Kornfeld an den Mann, sprich das Mädchen bringen und Eduard vom Wege, der seinen Laden an der Ecke von Hoch- und Scheider Straße hat, weist auf seine „Weihnachtsausstellung in Kinderspielwaren" hin. Richard Ackermann, an der Ecke Bismarck- und Kronenstraße, stellt sein Spielzeug zu „billigsten" Preisen aus. Solche Sprüche hatte „Pöppkes Wellem", der etwas unterhalb der Stadtkirche in der Bismarckstraße (heute Alte Bismarckstraße) seinen Verkaufsraum hat, nicht nötig. Er ist wohlbekannt. Allein seine originelle Anzeige vom 18. Dezember (siehe Abbildung auf Seite 61) spricht für sich. Visitenkartenartig steht dort nur: „Viele Neuheiten wieder eingetroffen! Wilhelm Duisberg." Umrahmt wird das Schriftfeld von Spielzeugdarstellungen.

Auf diese Weise wissen wir, was Kinderherzen sich 1885 wünschten: Blasinstrumente („Tuthörner"), auf Fahrbrettchen gestellte Tierfiguren, Bäume mit Standfüßchen, (Zinn-) Soldaten verschiedener Waffengattungen, Spielzeugkanonen, Ritterburgen mit fahnengeschmückten Türmchen, Steckenpferde und Säbel, Landknechtshelme, Trommeln, Reifen mit Schlagstöckchen, Lanzen mit Bannerwimpel, Schaukelpferde, Kutschwagen, Teufel

mit Schwanz und Hörnern sowie Puppen aller Art. Dazu kommen noch, in anderen Inseraten von Duisberg empfohlen, Stuhl- und Handschlitten, eiserne und hölzerne Schubkarren, Velocipedes (Fahrräder), zwei- und dreirädrige für Knaben von vier bis zu vierzehn Jahren, Zieh- und Mundharmonikas, von den geringsten bis zu den feinsten, Violinen, Zithern, Trommeln, Flöten u. a. sind bei ihm zu haben.

Über ein großes Lager an Bilderbüchern und Jugendschriften verfügt eine noch bestehende Buchhandlung, damals Steinstraße 1, die Poesie-, Schreib-, Briefmarken- und Photographiealben anpreist. Ein Koch- und ein Gartenbuch sowie Bücher mit den Titel „Die Hausfrau" oder „Der Beruf der Jungfrau" sind bei Hermann Krumm erhältlich, der auch „als reizvollstes Kunstwerk für den diesjährigen Weihnachtstisch" 15 Originalradierungen mit dem Titel „Vom Rhein" zum damals stolzen Preis von 36 bis 100 Mark, je nach Druck, empfiehlt. Ein großes „Musikwerk mit Glockenspiel" bietet der Uhrmacher R. Türck in der Blumenstraße 10 an. Ansichten von Remscheid finden wir bei E. Voßnack, Blumenstraße 6, Beschäftigungs-, Belehrungs- und Unterhaltungsspiele neben

Der Remscheider Markt (wohl um 1908) bei Schnee und Vollmond. Hier befanden sich viele Geschäfte, in denen am Heiligen Abend vor 1914 die Remscheider bis tief in die Nacht hinein Weihnachtsgeschenke kauften (zu „Was hatten Remscheids Läden 1885 auf Lager?").

Modellier-, Aufstell- und Puppenbogen in einer anderen Buchhandlung. Der schon bei Spielsachen genannte Richard Ackermann hat noch mehr in seinem Sortiment, nämlich Öfen in verschiedensten Ausführungen, Kochmaschinen mit „zwei und drei Löchern", Kochgeschirre, Solinger Messer- und Stahlwaren, Kinderwagen, Fahrräder und, gezielt für Weihnachten, Christbaumständer in gewöhnlicher und vernickelter Ausführung mit Dreh- und Spielwerk, womit die sogenannten Chreßdagsorgeln (Weihnachtsorgeln) gemeint sind.

Für die Herrenwelt dürften Pfeifen, Stöcke und abgelagerte Zigarren bei Robert Dorfmüller interessant gewesen sein. Frauenherzen schlugen höher, wenn die Damen vor dem Laden von Eduard Katthagen, Alleestraße 25, standen, denn er hatte Pelzwaren aller Gattungen frisch hereinbekommen, u. a. Muffe in Zobel, Nerz, Skunks, Steinmarder, Luchs und Waschbär.

Emilie Friedrich, Markt 17, empfiehlt Faltenhemden, Vorhemden, Kragen (sogenannte Vatermörder), Manschetten, Schlipse, seidene und halbseidene Herrentücher, schwarze Vorhemden, als Weihnachtsgeschenke besonders geeignet erscheinen ihr Taschentücher und Krausen (Rüsche, gefalteter Besatz) in eleganten Kartons und Steckbörtchen für Damen. Frau Johann Gustav Ehlis in der nahegelegenen Kronenstraße hat fast das glei-che Angebot, weist aber auf ihre große Auswahl an Schlipsen und Hosenträgern hin.

Herren-, Knaben- und Arbeitergarderobe möchte M. Guthmann, der seinen Laden am Markt hat, wo die Elberfelder Straße beginnt, schnell in klingende Münze umsetzen. Auch ist er bereit, wegen der vorgerückten Saison einige Artikel zum Selbstkostenpreis, und auch darunter, zu verkaufen.

Blumen kann man immer schenken. So bringt folglich Johann Busche, Bismarckstraße 1, sein Lager von Blumen- und Makartbuketts (getrocknete Blumen), Blumensträußchen und -körbchen sowie Gratulationskarten in Erinnerung.

Weihnachtsbäume kosten 40 und 50 Pfennig bei F. C. Zilles in der Bismarckstraße 72. Kerzen aus Wachs, Stearin und Paraffin, billigst natür-lich, sind bei Carl Hartmann, Bismarckstraße 8, zu erste-hen. Wenn dann noch der neu aufgekommene „Christ-baumschnee" den Baum schmückt, den Clara Buchholz anpreist, dann stand der sehnlichst erwar-teten Bescherung nicht mehr viel im Wege.

Was Kinder sich im Jahre 1885 auf den weihnachtlichen Gabentisch wünschten: Wilhelm Duisberg, genannt Pöppkes Wellem, wußte es genau. Seine Anzeige vom 18. Dezember 1885 zeigt auf geringstem Raum viele der in jenen Tagen gefragten Spielsachen (zu „Was hatten Remscheids Läden 1885 auf Lager?").

61

Wie warben Remscheider Geschäfte im Jahre 1894?

Vor 80 bis 120 Jahren erledigten die meisten Leute ihre Weihnachtseinkäufe am Heiligen Abend, und das bis in die tiefe Nacht hinein. Das hatte seinen Grund. Manche Gewerbetreibende gaben ihren Mitarbeitern erst an diesem Tag (wenn überhaupt) ihr „Christkindchen", ein bescheidenes Geldgeschenk, das keinen Vergleich mit der heute üblichen, tariflich gesicherten Gratifikation aushält. Gespartes und Arbeitgebergeschenk in der Geldbörse: Erst jetzt konnte der Weihnachtseinkauf beginnen. Es muß ein Glücksgefühl für die Eltern gewesen sein, im „Dorf" (gemeint ist die Stadtmitte Remscheids) für die Kinder die Geschenke zusammenzukaufen. Es wird berichtet, daß in den Zentren aller bergischen Städte die Kauflustigen, wie es damals so hieß, sich fast auf die Füße traten.

Welche Artikel boten im Jahre 1894 die Geschäftsleute zu Weihnachten an? Darauf gibt uns der Remscheider General-Anzeiger Hinweise. Was zuerst ins Auge springt: Einige Ladenbesitzer spekulieren auf die vorhandene Geldknappheit der möglichen Kunden. Sie inszenieren Totalausverkäufe zu billigsten Preisen. Andere werben mit stark herabgesetz-

Bis weit hinauf in die Alleestraße, die vor dem hier abgebildeten Kaiserplatz (heute Theodor-Heuss-Platz) verlief, waren Läden, in denen die alten Remscheider Weihnachtseinkäufe tätigten.
Ein Stück der alten Alleestraße ist im runden Bildausschnitt zu sehen. Die Ansichtskarte wurde am 28. September 1902 gestempelt (zu „Was hatten Remscheids Läden 1885 auf Lager?").

ten Preisen. Wer seriös seine Waren mit einer beson-
deren Aktion anpreisen wollte, ließ verkünden, daß er
eine große Weihnachtsausstellung veranstalte.
Beinahe jede Anzeige spricht von reeller Bedienung
und billigsten Preisen bei bester Qualität. Unsere
Vorfahren werden ihre „Pappenheimer" sicherlich
gekannt haben, schließlich erschienen derartige
Werbeanzeigen „alle Jahre wieder".
Juweliere und Uhrmacher bieten vor allem Trauringe
an. War es doch eine weitverbreitete Sitte, daß junge
Paare sich unter dem Weihnachtsbaum verlobten.
Ansonsten war das, was wir heute unter Schmuck ver-
stehen, reiner und nicht erschwinglicher Luxus für
den kleinen Schleifer- oder Hammergesellen. Ein
Wilhelm Schnell preist die schönsten Weihnachts-
bäume an, während ein anderer Händler bescheiden
nur große und schöne Christbäume anbietet.
Der Remscheider General-Anzeiger hatte sich etwas
Besonderes einfallen lassen. Vom 16. bis zum 21. Dezember berichtet er über den „Remscheider Weih-
nachtsmarkt". Also bereits 1894 ein Vorläufer des
Knuspermarktes mit Buden und Weihnachtstrara?
Mitnichten! Hiermit ist das Warenangebot in Rem-

*Beim Winkelswarenhändler
(auch Krämer, manchmal
Kolonialwarenhändler genannt) in der
Nachbarschaft wurden Süßigkeiten,
Nüsse, Apfelsinen und Backzutaten für
Weihnachten gekauft
(zu „Wie warben Remscheider Geschäfte
im Jahre 1894").*

scheid gemeint, eine Weihnachtswaren-Palette der Geschäfte schlechthin. Eingebunden zwischen verbindenden Texten stellt die Zeitung den Großteil der damaligen Remscheider Läden mit ihren Artikeln vor.

„Im Basar von Emma Strippel bewundern wir" – so heißt es wörtlich – „die hübsch arrangierte Weihnachtsausstellung in billigen Kinderspielwaren. Es ist hier jedermann, auch bei beschränkten Geldmitteln, Gelegenheit geboten, der lieben Kinderwelt Christkindchens Freigiebigkeit in hellstem Licht leuchten zu lassen. Kavalleristen und Infanteristen in blanker Rüstung halten Wacht bei allerliebsten Püppchen verschiedenster Art. Stolze Gäule sind prächtig aufgezäumt, Trommeln, Trompeten, glitzernde Helme, glänzende Ausrüstungsgegenstände sind hier en miniature in großer Anzahl vertreten." Andere Spielzeughändler werden global zusammengefaßt. In der Ausgabe vom 20. Dezember 1894 steht: „Hübsches Spielzeug für unsere Kleinen wie Bleisoldaten und Kanonen, Zappelmänner aller Nationen, Türken, Russen und Kirgisen, Spanier und Portugiesen, Bilderbücher, Schäfchen und Pistolen, große Pferde und auch Fohlen, lange Eisenbahnzüge, Trommeln, Pfeifen und auch Fahnen führen die Firmen Wilhelm Duisberg (genannt Pöppkes Wellem), August Heidfeld, C. Aug. Lennartz und Herm. Selve in Hasten."

Ob sich unsere Heimat tiefverschneit darbot oder ob graue Nebelschleier unsere Täler bedeckten, ob es regnete oder die Sonne schien, der allgemeinen Weihnachtsfreude tat dies keinen Abbruch. Doch am schönsten war es, wenn eine tiefe Schneedecke über Berge und Täler lag. Dann verwandelten sich so manche Straßenecke, viele Höfe und die kleinen Waldstücke im Bergischen Land zu den schönsten Weihnachtskarten-Motiven. So ist es auch heute noch. Leider verschwinden von Jahr zu Jahr bergische Fachwerkhäuser, werden Grün- und Gartenflächen verringert, fallen Bäume oder gar Waldstücke der Motorsäge zum Opfer.

Lenneps Einzelhändler während der Weihnachtszeit im Jahre 1894

Lennep im Jahre 1894: Kein verträumtes bergisches Städchen. Mitnichten! Es war immerhin eine preußische Kreisstadt, folglich ein Einkaufsmittelpunkt der umliegenden ländlichen Bevölkerung der damaligen Zeit. Wie in den Nachbarorten, so werden auch in Lennep die meisten Weihnachtseinkäufe erst in den späten Abendstunden des Heiligen Abends getätigt worden sein. Die Ladengeschäfte dürften an diesem Tag – oder in dieser Nacht? – die besten Umsätze des Jahres gemacht haben. Die Bescherung fand ja erst in den frühen Morgenstunden des ersten Weihnachtstages statt. Nur Begüterte – und die, die sich dafür hielten – feierten am Heiligen Abend.

Der weihnachtliche Kraspütt in Lennep im Jahre 1981 (zu „Lenneps Einzelhändler während der Weihnachtszeit im Jahre 1894").

Schon Wochen vor dem Fest inserierten Lenneper Einzelhändler, vorwiegend in der einheimischen Presse, und priesen ihre Artikel für Weihnachten an. Obwohl erst nach dem Totensonntag Vorweihnachtliches üblich war, gab es doch bei der Zeitungswerbung Ausnahmen. So ließ ein Fotograf bereits am 2. November 1894 eine Anzeige mit folgendem Text einrücken: „Welches ist das schönste Weihnachtsgeschenk? Das ist unstreitig eine schöne und gute Photographie von lieben Angehörigen, Verwandten, Freunden und Freundinnen, und hält sich Unterzeichnender für das kommende Fest bestens empfohlen. Als Spezialist liefere ich Vergrößerungen Verstorbener sowie größere Bilder einzelner und mehrerer Personen, Kinder- und Familienbilder. Bemerke noch, daß Aufnahmen bei jeder Witterung stattfinden können. Indem ich um geneigten Zuspruch bitte, zeichne ich achtungsvoll Otto Radtke, Photograph, Lennep." Am 9. und 11. November ließ er die Anzeige wieder drucken. Er muß damit Erfolg gehabt haben, denn bis zum Fest erschien von ihm keine Annonce mehr. Otto Radtke hatte 1903 sein Atelier in der Kaiserstraße 8, heute Bahnhofstraße, 1901 fand man ihn in der Kölner Straße 19.

Elberfeld war damals das gelobte Land für Einkäufe mit Großstadtflair. Also teilte Ph. Freudenberg den Kreisstädtern am 16. November mit, daß er seine diesjährige Weihnachtsausstellung eröffnet habe. Zum bevorstehenden Weihnachtsfest ließ der in der Schwelmer Straße 27 sein Geschäft betreibende Wilhelm Hilger wissen: Porzellan, Glaswaren und Lampen könne man bei ihm erhalten. Sein Lager in Spielwaren habe er bedeutend vergrößert. Er hoffe, damit sämtlichen Ansprüchen zu genügen. Ferdinand Christians am Alten Markt bot „Schlitten, Schlittschuhe, Kinderkarren, Waschmaschinen und Zubehör, Kaffeemühlen, Fleischhacker, Waffeleisen, Gewürzschränke, Vogelbauer, Laubsägekästen und Christbaumständer" an. Hermann Platte in der Wetterauer Straße 7 handelte vorwiegend mit Hüten und Mützen. Er warb für seine Artikel auf originelle Art, und zwar mit einem Gedicht:

„Es naht die schöne Weihnachtszeit,
Und mancher seine Ware preist,
Auch ich empfehle meine Sachen
Als Pelze, Schirme, Hüte, Kappen."

Die siebte, die letzte Strophe lautet:

„Reparaturen an obigen Sachen
Bin ich bereit recht gerne zu machen.
Es empfiehlt sich, merkt es genau:
Hermann Platte, Wetterau."

Julius Brügger in der Pastoratstraße 2 machte am 5. Dezember auf seine Porzellan-, Galanterie- und Spielwarenhandlung aufmerksam. Er empfahl seine „reichhaltige Auswahl passender Weihnachtsgeschenke zu billigen Preisen". Am 7. Dezember wollte Richard Bohle Käufer damit anlocken, daß er „einen großen Weihnachtsausverkauf in Porzellan-, Kristall- und Glaswaren" ankündigte. Selbstbewußt hieß es: „...durch Masseneinkauf billiger als jede Konkurrenz." Emmi Johnen, sie hatte ihren Laden an der Ecke der Mühlen- und Kölner Straße, bot als Weihnachtsgeschenke ihre „Weißwaren, Korsetts, Handschuhe und sonstige Textilien" an. Hermann Giradet in der Berliner Straße 7 empfahl seine „Weihnachtsgeschenke in großer Auswahl". Er führte auf: „Evangelische Gesangbücher, Bibeln, Starks (wohl evangelische) und katholische Gebetbücher, Jugendschriften, Briefmarken-Alben, Portemonnaies, Zigarren- und Brieftaschen, Reißzeuge, Taschenmesser, Farbkästen, Bilderrahmen, Papierausstattungen, auch mit Monogramm, Visiten- und Gratulationskarten, Eau de Cologne".

Da wollte die Buchhandlung Schmitz nicht zurückstehen. Am 14. Dezember erfuhren die Leser das Sortiment dieses Einzelhändlers. Richard Haeger, Alter Markt 15, ließ wissen, daß er neben einem „Lager in fertigen Schuhen, eine Schirmfabrikation" besitze.

Otto Stein, Uhrmacher und Goldarbeiter in der Kölner Straße, warb ständig für seine Arbeiten. Trauringe gingen sichtlich gut; war es doch in jenen Tagen beliebter Brauch – wie bereits an anderer Stelle betont –, sich unter dem Weihnachtsbaum zu verloben. Der Uhrmacher und Juwelier Koll, heute am Alten Markt, hatte ebenfalls Inserate mit ähnlichen Texten aufgegeben.

Je näher das Fest heranrückte, je mehr Anzeigen tauchten auf, die Leckereien, Delikatessen, Spirituosen und Tabakwaren anboten. Carl vom Berg, Alter Markt, wies am 19. Dezember darauf hin, daß er „importierten Cognac, Arrac und Rum" führe. Am 21. Dezember bot Richard Isenburg, der zu Anfang des 20. Jahrhunders seine Konditorei mit Café in der Wetterauer Straße 5 hatte, „Rhein-, Mosel- und Bordeaux-, italienische und spanische Weine", dazu – wie es sich für einen Konditor gehört – „Schokolade, Marzipan und Desserts" an. Doch dann glaubt man seinen Augen nicht zu trauen, er offerierte „Fleisch- und Fischwaren (nur die besseren Sachen)", ja sogar „Gemüsekonserven". Die Weinhandlung und Küferei Carl Reymüller, damals Alter Markt 12, ließ wissen: „Direkt bezogener Portwein, Sherry, Malaga und Madeira sind zu billigsten Preisen abzugeben." Über ein großes Lager an Tabakwaren verfügte – so ließ er einrücken – ein Carl Müller, der seine Anschrift, also muß er bekannt gewesen sein, nicht angab, „Weihnachtspackungen" warteten hier auf Käufer.

Im Gegensatz zum bevölkerungsmäßig größeren Remscheid warben 1894 prozentual weitaus weniger Lenneper Einzelhändler in den damals führenden Zeitungen. Es sei betont: Nicht alle Anzeigen, die in der Vorweihnachtszeit in den „Blättern" standen, kommen in diesen Zeilen zu Wort: nur die aussagekräftigsten. Man bedenke auch, daß viele Lädchen – in unserer Zeit „Tante-Emma-Läden" genannt – einen zu geringen Umsatz hatten, um sich teure Zeitungsanzeigen leisten zu können. Schließlich gab es um die Jahrhundertwende 30 Bäckereien (zwei davon bestehen heute noch), 36 Lebensmittelgeschäfte und 14 Metzgereien im Stadtgebiet. Lennep, einst Hansestadt, war im Kreis Lennep – Remscheid schied 1888 aus – zu dieser Zeit immerhin die größte Einkaufsstadt.

Weihnachts- angebote im Außenbezirk

Nicht nur in der Stadt, vor allem in der Alleestraße und rund um den Markt, waren die Ladengeschäfte auf Weihnachten gut eingestellt. Ein Bild aus den Jahren 1910/12 zeigt uns ein Geschäft in einem Außenbezirk Remscheids, und zwar in Osterbusch, Papenberger Straße 62.

Wie auf dem Schild über dem Eingang zu lesen ist, handelte es sich um eine Zigarren-, Rauch- und Kautabakhandlung, die auch sämtliche Schulartikel und Schreibwaren führte. Nebenbei konnte man dort auch Süßigkeiten, eingelegte Heringe, Rollmöpse kaufen, ebenso Wicküler-Flaschenbier, von der Arbeiter der gegenüberliegenden, damals größten Remscheider Fabrik oft Gebrauch machten. Die Scheiben der Ladentür sind mit Ansichtskarten voll gesteckt. In der Vorweihnachtszeit hingen hinter den Scheiben viele Weihnachtskarten.

Auch sonst hatte der Kaufhändler sein Warenangebot im Hinblick auf das Fest erweitert: um Nüsse, Apfelsinen, Baumkerzen und andere Artikel. So standen kleine Blechschaukelpferdchen mit Jockei in den Regalen. Im Bauch der „Rösser" befanden sich Liebesperlen (bonbonartige, kleine Pillen), die durch

Die Handlung des August Viebahn im Remscheider Ortsteil Osterbusch um 1912.
Während der Adventszeit erweiterte der Besitzer (ganz rechts) sein ohnehin breites Angebot um Weihnachtsartikel (zu „Weihnachtsangebote im Außenbezirk").

einen winzigen Schieber entnommen werden konnten. Bunt wie ein Specht sahen sie für Kinder recht begehrlich aus (Abb. auf Seite 104). Sicherlich hatte er auch noch andere kleine Spielsachen, die wir heute Penny Toys (Abb. auf Seite 105) nennen, also Pfennig-artikel, in seinem Weihnachtssortiment. Nicht als Spielsachen, doch der Jugend immer gerne als Anreiz zum Sparen geschenkt, standen dort Holzspardosen in Weinrot und mit Schlößchen versehen. Sie kosteten 25 und 30 Pfennig, für eine wie ein Schmuckkästen gestaltete hölzerne Spardose mußten 50 Pfennig hingelegt werden (Abb. auf Seite 69). In diesem Laden gab es in den Vorweihnachtswochen bereits eine Art von Selbst-bedienung: Jeder Kunde bekam einen Teller oder ein Tablett, auf dem er die zu kaufende Artikel legen konnte, die er, soweit möglich, selbst aus den Regalen und von den Tischen nehmen konnte.

Am Heiligen Abend war die Handlung, genau wie im Dorf – die alten Remscheider sagten nicht Stadt – bis tief in die Nacht geöffnet. Der Besitzer sagte in jenen Tagen einmal: „Der beste Verkaufstag im Jahr!"

Der Ladeninhaber ist auf dem Foto (Abb. auf Seite 68) ganz rechts zu sehen. Ein weißer Kragen und eine Krawatte lugen aus der zweiknöpfigen, schwarzen Weste hervor. Eine breite goldene Uhrkette, ein Statussymbol für jeden Mann zu dieser Zeit, umspannt einen großen Teil des Bauches.

Der Handlungsbesitzer, August Viebahn (1865–1914), muß gute Beziehungen zur Lehrerschaft der in nächster Nachbarschaft gelegenen Schule Osterbusch (besteht nicht mehr) gehabt haben, denn die Kinder dieser Schule waren angehalten, alle Schulartikel bei ihm zu kaufen.

Der Laden, besser die Läden, denn inzwischen war in der mittleren Papenberger Straße eine Zweigstelle eröffnet worden, wo Arbeiter und Angestellte der in der Nähe befindli-chen gleichen Großfabrik, die sich vom Osterbusch bis zur Eisenbahnstrecke hinzog, ihre Tabakwaren erstanden, gingen nach dem Ableben des Inhabers in andere Hände über.

Sparbüchsen aus dem Weihnachts-angebot des Jahres 1913 der Handlung von August Viebahn. Sie kosteten damals (von links nach rechts): 25 Pfennig, 50 Pfennig, 30 Pfennig (zu „Weihnachtsangebote im Außenbezirk").

Die Christkrone

Die Christkrone, auf plattdeutsch Chreßkruon, war, bevor sich im Wupperviereck der Weihnachtsbaum einbürgerte, in manchen Familien gebräuchlich. Darunter ist nach Gustav Hermann Halbach (1882–1958) „ein kronenförmiges Geflecht aus Tannengrün oder ein Drahtgestell mit bunten Bändern, Papierrosen, Glasperlenketten, Rauschgold und Kerzen zu verstehen, das unter der Decke über dem Tisch aufgehängt wurde. Auf dem Tisch, direkt unter der Krone, legten unsere Voreltern oft einen Spiegel. Die brennenden Kerzen riefen darin einen strahlenden Widerschein hervor.

Eine Christkrone aus Drahtgeflecht ist heute nicht mehr auffindbar, kein bergisches Museum verfügt darüber. Jedoch gibt es ein Foto, das der Remscheider Heimatfreund Rolf Nöding besitzt. Es stammt aus den 20er Jahren unseres Jahrhunderts und zeigt

Christkronen waren im vorigen Jahrhundert im Remscheider Raum beliebt. Sie hingen an der Zimmerdecke. Ihr Aufbau bestand aus einem Drahtgeflecht, manchmal auch aus Holzstangen.
Als Schmuck dienten bunte Bänder, Glasperlenketten, Rauschgold und Kerzen, später auch silberne Weihnachtskugeln.
Die Abbildung zeigt eine Christkrone, die in den 90er Jahren des vorigen Jahrhunderts angefertigt wurde. Das Foto stammt von 1920 (zu „Die Christkrone").

Nödings Großeltern, Fritz und Emilie Dreisbach, mit ihrem Sohn Erich. Sie wohnten in Lennep, und zwar seit 1911 in der Friedrichstraße 21.

Die Christkrone ist von Fritz Dreisbach selbst angefertigt worden. Das muß während der 1890er Jahre gewesen sein, denn in dieser Zeit kamen die ersten Kinder des Ehepaares zur Welt. Von acht erreichten nur vier das Heiratsalter. Das Ehepaar Dreisbach hat die Christkrone wohl bis zum Tode der Ehefrau (1942) oder gar bis zum Ableben des Ehemannes (1944) benutzt. Ein zusätzlicher Weihnachtsbaum kam nicht zur Aufstellung. Die Christkrone dürfte zwei Meter hoch gewesen sein und einen Durchmesser von siebzig Zentimeter gehabt haben. Anstelle eines Drahtgeflechtes, wie Gustav Hermann Halbach schreibt, besteht diese Christkrone aus Holzstangen. Am unteren Ende ist ein Rundbrett angebracht, darunter befindet sich ein girlandenförmiger Kranz. Ein rechteckiger Bügel am oberen Ende dient der Aufhängung. Die von Halbach genannten Glasperlenketten kann man erkennen. Darüber hinaus sind Kugeln in Weiß und Silber (Angabe von R. Nöding) auf der Abbildung gut sichtbar.

Die Zimmerecke, mit einer Holzbank möbliert, gibt dem Wohnstil wieder, der in jenen Tagen in Häusern, die gegen Ende des 19. Jahrhunderts erbaut und bezogen wurden, üblich war: Hohe Räume. Die Tapete bleibt etwas unter der weißgekälkten Decke. Der Übergang zu dieser ist mit einem Band verziert.

Die fotografierten Personen schauen gespannt in die Linse der Kamera. Ein Blitzlicht dürfte nicht verwendet worden sein, denn niemand hat die Augen zum Schutz vor dem plötzlichen Licht geschlossen. So hieß es, eine Zeit unbeweglich zu sitzen.

Die brennende Gaslampe oben rechts ist gut zu sehen, ein Eckstellbord trägt keine Nippesfigur oder ein Bild. Hinter der Eckbank ist zum Schutz der Tapete ein Wandbehang. Großvater Dreisbach hat eine damals typische Strickjacke (sogenannte Metzgerjacke) an. Ein Bierseidel steht auf dem mit einer Spitzendecke geschmückten Tisch. Der auf dem Bierkrug abgebildete Soldat in „Ausgehuniform" könnte der schnautz-bärtige und nun kahlköpfige „Haushaltungsvorstand" während seiner aktiven Militärzeit sein. Auf solche Erinnerungsstücke legten die „Altgedienten" vor 1914 großen Wert.

Zur deutschen Weihnacht gehört der Christbaum

Es gibt Bilder, die Martin Luther (1483–1546) mit einem Weihnachtsbaum zeigen. So sehr ist die deutsche Weihnacht mit dem Christbaum verbunden, daß sich die Maler, die in späteren Jahrhunderten lebten, eine deutsche Weihnachtsstube ohne den immergrünen Tannenbaum nicht vorstellen konnten. Sie glaubten: Der Weihnachtsbaum gehörte von der Christianisierung an zur mitteleuropäischen Weihnacht. Im vorigen Jahrhundert – noch bis in unseres hinein – hieß es sogar, der Weihnachtsbaum sei ein Überbleibsel aus heidnischer Zeit, gewissermaßen von den Germanen auf uns gekommen. Das stimmt nicht. Wohl aber, daß das Weihnachtsfest etwas mit einem ursprünglich heidnischen Fest zu tun hat.

Weihnachten ist heute das Erinnerungsfest an Bethlehem. Genau, mit streng wissenschaftlicher Erkenntnis, ist noch nicht einmal das Geburtsjahr festzulegen, denn authentische schriftliche Hinweise fehlen. Dafür war dieses Ereignis im fernen und unter römischer Herrschaft stehenden Palästina für die Zeitgenossen zu unbedeutend. Erst der Apostel Paulus sorgte dafür, daß aus Christus' Wirken im Laufe der Zeit eine Weltreligion wurde.

So sehr ist die deutsche Weihnacht mit dem Christbaum verbunden, daß sich Maler, die in späteren Jahrhunderten lebten, die Weihnachtsstube des Reformators Martin Luther (1483–1546) ohne den immergrünen und geschmückten Tannenbaum nicht vorstellen konnten. Luther kannte den Weihnachtsbaum nicht (zur „Zur deutschen Weihnacht gehört der Christbaum").

Ursprünglich gedachten die Christen Roms den Geburtstag des Heilands am 6. Januar. Im Jahre 354 wurde das Fest auf den 25. Dezember gelegt, denn an diesem Tag feierten die Römer, oder ein großer Teil von ihnen, das Fest der Geburt der unbesiegten Sonne. Während der Germanen-Bekehrung trat der Geburtstag des Jesus von Nazareth dann an die Stelle der (von unseren Vorfahren gefeierten) Wintersonnenwende. Das Wort Weihnachten (wihe naht) tauchte erst um 1180 auf.

Die Synode von Mainz im Jahre 813 beschloß: Das Fest der Geburt Christi soll vier Tage dauern. Diese Regelung blieb (zumindest für katholische Regionen) bis 1773 in Kraft. Von diesem Jahr an mußten zwei Tage für die Feierlichkeiten genügen. So blieb es bis heute.

Die Sitte, einen geschmückten Tannenbaum in die Weihnachtsstube zu stellen, ist gar nicht so alt, zumindest nicht im gesamten deutschen Kulturraum. Der erste Christbaum soll 1539 im damals noch staatsrechtlich und volkstumsmäßig rein deutschen Elsaß

Weihnachten 1870 lagen die Deutschen vor der Festung Paris. In den Unterkünften sahen viele Soldaten erstmalig einen Weihnachtsbaum. Diese Erlebnis trug zur Verbreitung des geschmückten Tannenbaums im neugegründeten Kaiserreich bei. Die Ansichtskarte stammt allerdings aus dem Jahre 1906 und zeigt Soldaten bei ihrer Weihnachtsfeier mit Bier, Branntwein und Zigarren in der Kaserne (zur „Zur deutschen Weihnacht" gehört der Christbaum").

Fröhliche Weihnachten!

gestanden haben, und zwar im Straßburger Münster. In einer Handschrift von 1605 heißt es: „Auf Weihnachten richtet man Tannenbäume zu Straßburg in den Stuben auf, dran hängt man Rosen aus zweifarbigem Papier geschnitten, Äpfel, Oblaten, Rauschgold und Zucker." Etwas später wettert der Prediger Conrad Dannhauer: „Unter anderen Lappalien, damit man die alte Weihnachtszeit oft mehr als mit Gottes Wort begeht, ist auch der Weihnachts- oder Tannenbaum, den man zu Hause aufrichtet, denselben mit Puppen und Zucker behängt und ihn hernach schüttelt und abräumen läßt."

Wie kam es zur Verbreitung des Weihnachtsbaumes und zu seiner Beliebtheit? Welche Bedeutung hat er? Niemand kann die Frage erschöpfend beantworten. Darum sei hier eine Spekulation erlaubt:

Bis in das 19. Jahrhundert hinein stand der Weihnachtsbaum nur in den Stuben finanziell besser gestellter protestantischer Familien. Die ärmeren Kreise waren nicht imstande, das Geld für die teuren Wachskerzen auszugeben: Brot und Kleidung hatten Vorrang.

Für unsere Kleinen ist der kerzenleuchtende Weihnachtsbaum, der „über Nacht" im Zimmer steht, oft das packendste Erlebnis zu Weihnachten. Auf einer Weihnachtskarte um 1910 staunt der Junge aus dem Adels- oder Großbürgerkreis ob des für ihn nicht ganz faßbaren Weihnachtsglanzes im Salon (zur „Zur deutschen Weihnacht gehört der Christbaum").

Dem Bürgertum, dem Großbauernstand und den unteren Adelsschichten muß der Lichterbaum wie ein „Kronleuchter-Ersatz" vorgekommen sein. Tatsächlich ähnelt der Tannenbaum, mit brennenden Kerzen versehen, einem Lüster. Nicht ohne Grund heißt es in einem alten Weihnachtslied: „ ... schöner als bei frohen Tänzen ein geschmückter Kronensaal ..." In einigen Gegenden soll er ja auch früher unter der Decke gehangen haben. Und daß der Lichterbaum zumindest der Wirkung eines Kronleuchters nahekommt: Wer will das bestreiten? Deshalb läßt auch der Weihnachtsbaum die ärmlichste Hütte festlich erscheinen.

Das wiederum erkannten die kleinen Leute, die in den längsten Nächten des Jahres Licht und ein wenig Glanz in ihrer sonst kümmerlichen Behausung haben wollten (sofern Geld vorhanden war).

In katholischen Regionen setzte sich der Christbaum langsamer durch. Die Geistlichkeit sah darin ein verdächtig heidnisches Element. Selbst als in manchen Dörfern in jeder

Mit Kerzen versehener Tannenbaum im Hochgebirge! Zwei prächtige uniformierte Forstangestellte stehen davor. Der sternenklare Himmel vervollständigt das stimmungsvolle Bild. Die Ansichtskarte trägt den Poststempel vom 26. Dezember 1902 (zur „Zur deutschen Weihnacht gehört der Christbaum").

Kate ein Weihnachtsbaum stand, waren sie in römisch-katholischen Dorfkirchen noch nicht zu finden. Doch diese Einstellung der Landpfarrer wurde überwunden, seit sie wissen: Der Weihnachtsbaum stammt nicht aus vorchristlicher Zeit! Heute steht er neben der Krippe, dem eigentlichen katholischen Symbol der Weihnacht.

Die rasche Verbreitung des Christbaums im letzten Viertel des 19. Jahrhunderts ist nicht nur auf die Industrialisierung zurückzuführen, die den Geldbeutel des kleinen Mannes ein wenig – aber nur ein wenig – aufblähen ließ, sondern auf ein kriegerisches Ereignis! Während des Deutschen Einigungskrieges von 1870/71 war Paris seit dem 19. September 1870 eingeschlossen. Als das Weihnachtsfest herankam, lagen die Deutschen immer noch vor Frankreichs Hauptstadt. Am Heiligen Abend „brannten" in den Offiziersquartieren Christbäume, auch in manchen Mannschaftsunterkünften sowie in den Lazaretten. Die Wirkung auf die Soldaten, die bislang den Lichterbaum nicht kannten, war starkt. Heimgekehrt, stand in ihren Stuben ebenfalls zu Weihnachten der kerzengeschmückte Tannenbaum. Nachbarn ahmten den Brauch nach.

Spätestens um 1900 war der Weihnachtsbaum – von wenigen katholischen Landstrichen abgesehen – das Wahrzeichen der deutschen Weihnacht. Von uns ging der Lichterbaum in die Welt: Man kennt ihn in Amerika. Aber so ganz exportieren ließ er sich nicht. Nirgendwo soll er schöner sein als in seiner Heimat: in deutschen Landen!

Weihnachtsbaum-Selbstversorger

Im ehemaligen Lüttringhauser Schulbezirk Grund war es vor dem Ersten Weltkrieg üblich, daß der Weihnachtsbaum am Heiligen Abend – oder einige Tage zuvor – frisch geholt wurde. Schon lange vor den „chreßhellegen Dagen" (Christheiligen Tagen) suchte man sich seinen Baum aus, denn das „Abmachen" mußte schnell geschehen. Der Waldbesitzer erhielt keinen Pfennig dafür! Es galt als Ehrensache, sich den Baum auf solche Art zu besorgen. Familienväter, die einen Baum käuflich erwarben, waren wohlhabend, „Hergeloupene" (Hergelaufene) oder mutlose Gesellen.

Manchmal kam es auch vor, daß das seit geraumer Zeit ausgesuchte Exemplar nur noch als trostloser Stumpf grüßte: Ein anderer Liebhaber hatte die gutgewachsene Tanne (oder Fichte) bereits in Richtung Weihnachtsstube entführt. Also mußte ein „Ersatzbäumchen" dran glauben; dieses war natürlich – weil wenig Zeit zum Aussuchen blieb – bei weitem nicht so prächtig wie das monatelang begutachtete.

Einige Male soll es vorgekommen sein, daß der Besitzer eines Ersatzbaumes am Weihnachtsmorgen seinen Wunschbaum beim Nachbarn entdeckte, denn damals war es noch Brauch, sich am ersten Festtag morgens nach der Bescherung und dem Frühstück kurz zu besuchen. Mit einigen Klaren begoß man das „Malheur".

Im besagten Schulbezirk Grund wohnte in jenen Tagen der Kleinbauer und Restaurantbesitzer – auf die letzte Berufsbezeichnung legte er besonderen Wert – Dorfner, der weithin als Geizkragen verschrien war. Ihm gehörte ein bevorzugt heimgesuchtes Tannenbüschchen. Das verdroß ihn sehr. Aber gerade ihm, der im Jahr so manche Mark für Bier, Schnaps, Rollmöpse und Soleier von den Hofbewohnern erhalten hatte, nahm man es übel, daß er für die Weihnachtsbaum-Selbstversorger kein Verständnis aufbrachte, während die anderen Waldeigentümer, vor allem die Bauern, dies gelassen hinnahmen.

Vor Weihnachten, ganz besonders am Heiligen Abend, war unser Wirt und Bauer Dorfner mehr bei seinen gefährdeten Tannen als in der Schankstube oder im Kuhstall anzutreffen: Er schob regelrecht Wache! Einen „Chreßbouom-Räuber" hat er niemals – so berichteten die Alten – stellen können, denn sobald er sich zu Hause aufhielt, das kam in den Tagen vor Weihnachten zwar selten vor, zogen die „Selbstversorger" in sein Waldrevier. Daß man ihn genau beobachtete, wußte er nicht.

Nun geschah es, wohl im Jahre 1906, daß bei einer Familie zwei Weihnachtsbäume vorhanden waren. Der älteste Sohn, nennen wir ihn Albert, hatte im Dunkeln, von der Arbeit kommend, ein Exemplar aus Dorfners Busch mitgebracht, denn in diesem Jahr sollte, drohend hatte dies der vielgeplagte Vater vor wenigen Tagen verkündet, die ungezogenen Kinder keinen Baum bekommen. Das wollte Albert verhindern. Doch das Familienoberhaupt änderte seine Meinung. Folglich standen am Heiligen Abend zwei Weihnachtsbäume im Schuppen.

Gegen elf Uhr abends – die Bescherung fand ja morgens statt – ging Alberts Vater der Schnaps aus, und das beim Schmücken des Baumes. Albert setzte sich in Bewegung, um beim Dorfner Nachschub zu holen.

In der um diese Zeit noch geöffneten, aber leeren Schankstube schimpfte des Wirtes „bestes Stück" gar fürchterlich: „Jetzt haben wir keinen Baum! Tagelang bist du um unseren Busch herumgeschlichen, ohne jemanden zu ertappen! Nur einen Baum für uns hast du nicht mitgebracht! Heute morgen fällst du die Treppe herunter. Seitdem pflegst du deinen Bluterguß. Nee, die armen Kinder, wenn die morgen keinen Baum im Bescherungszimmer haben! Oh, hätten wir doch einen Baum; gerne würd' ich einen halben Taler dafür geben, und dabei haben wir genug da draußen stehen!"

„Ja", meinte Albert trocken, „in den Busch gehe ich nicht mehr, aber wir haben zwei Stück." – „Wieso?" fragte die Wirtsfrau. – „Och", meinte Albert, „Vater hat einen vom Langenhaus mitgebracht, und ich habe den von unserer Kottenfeier mitgenommen." – „Den könntest du uns doch geben?" – „Hatten sie nicht gerade gesagt, sie würden einen halben Taler dafür zahlen? Für einen ganzen können sie ihn kriegen." – „Das kommt nicht in Frage!" ereiferte sich nun Dorfner. – „Dann bleibt er da, wo er jetzt steht", antwortete Albert, bezahlte den Schnaps und ging. – „He! Albert!" rief die Wirtin ihm nach, „hole den Christbaum, du bekommst den Taler!" So geschah es, daß der geizige Dorfner zähneknirschend einen ganzen Taler für einen Tannenbaum aus seinem eigenen Busch bezahlen mußte. Er ahnte wohl, woher dieses Stück kam.

Am ersten Weihnachtstag machte die Geschichte die Runde auf dem Hof, am Silvesterabend lachte man im gesamten Schulbezirk Grund darüber. In den nächsten Jahren holte Dorfner stets einige Tage vor dem Fest seinen Baum. „Das soll mir nicht noch einmal passieren." Jahrelang mußte er sich während der Weihnachtszeit die Frotzeleien seiner Gäste anhören. Aus Geschäftsgründen schwieg er, aber sein Gesicht sprach Bände.

Vor dem Ersten Weltkrieg holte sich manch wackerer Familienvater wie selbstverständlich seinen Weihnachtsbaum im nahegelegenen „Busch". Die meisten Waldbesitzer nahmen das gelassen hin (zu „Weihnachtsbaum-Selbstversorger").

Fichtenbäume am Berghang des Saalbachtales unterhalb der Hofschaft Westen bei Remscheid.

Rauschgoldengel

Zum schönsten Christbaumschmuck gehören Rauschgoldengel. Besonders Kinder sind von diesen weihnachtlichen Figuren begeistert. Unter Rauschgold, auch Flitter- oder Knittergold genannt, versteht man papierdünn ausgewalztes und blank gebeiztes Messingblech von höchstens 0,02 mm Stärke.

In einem sogenannten Haushaltslexikon aus den Jahren 1749 bis 1751, welches in Leipzig gedruckt wurde, fand das Rauschgold Aufnahme. Hinweise aus dem 19. Jahrhundert verraten uns, daß dieses Material vor allem für unechten Putz und für Spielereien Verwendung fand. Zuweilen wird dabei Nürnberg als Herstellungsort hervorgehoben: Vor den Türen eines Hochzeitshauses streute man in dieser Stadt die sogenannten Flittern aus Rauschgold.

Bildzeugnisse aus dem 18. Jahrhundert zeigen Figuren, die dem bekannten Weihnachtsschmuck ähneln. So finden wir auf einem Gemälde von Karl Georg Reuß aus dem Jahre 1767 ein Mädchen, das eine Puppe in den Händen hält, die dem Rauschgoldengel im Aussehen nahekommt.

In einem Band „Vorstellungen der Öffentlichen Sehbaren Gebräuchen in Nürnberg", erschienen gegen Ende des 18. Jahrhunderts, ist der dicht mit Verkaufsbuden besetzte Christkindlesmarkt dargestellt. In einem aufgehängten Oval erkennt man einen Engel mit einer Kerze. Der ovale Rahmen kommt auch bei Engeln vor, die an den Buden des Marktes hängen. Sicherlich sind zu dieser Zeit bereits Rauschgoldengel angeboten worden.

Eine Überlieferung berichtet von einem Puppenmacher, der zum Andenken an seine verstorbene kleine Tochter den ersten Rauschgoldengel anfertigte. Sein seelisches Leid konnte er auf diese Weise materiell ausgleichen, sofern so etwas überhaupt möglich ist, denn er wurde durch den begehrten Artikel wohlhabend.

Im Jahre 1878 erwähnt das in Halle verlegte „Goldene Weihnachtsbuch" von Hugo Elm den mittlerweile im deutschen Kulturraum weitgehend bekannten Weihnachtsbaum und gibt Hinweise zur „sinnigen Schmückerei des Christbaumes... sowie zur Anlegung der Krippe und Weihnachtsgärten". Dabei werden Verzierungen aus Rausch- oder Knittergold genannt, gleichzeitig auch als Erzeugnis der Nürnberger Spielwarenfabrikanten Spiralen und Locken für den Tannenbaum. Wichtiger aber ist der Anzeigenteil des Buches, wo eine Nürnberger Spielwarenhandlung neben Glaskugeln und Glaseiszapfen auch für Engel aus Rauschgold wirbt. Eine Berliner Firma bietet Goldpapier-Engel an.

Der beim Berühren knisternde, in den Zweigen des Weihnachtsbaumes hängende Rauschgoldengel schaut somit seit Generationen in die weihnachtliche Welt.

Kugeln und Lametta

Die Familienzeitschrift „Gartenlaube", gegründet im Jahre 1853, errang im ausgehenden 19. Jahrhundert eine beachtliche Leserzahl. In ihr kamen auch heute noch bekannte Schriftsteller zu Wort, so Wilhelm Raabe und Theodor Storm. In der Ausgabe vom Dezember 1893 stand folgendes über den Weihnachtsbauschmuck:

„Wer von uns Älteren hätte wohl in seiner Jugend geglaubt, daß man seinen Christbaum anders schmücken könnte als mit vergoldeten Äpfeln und Nüssen, denen man selbst ihr glänzendes Gewand angezogen hatte, oder mit bunten Ketten und Netzen, die man mit mehr oder weniger kunstfertiger Hand selbst geschnitten, oder mit Marzipan- und Pfefferkuchen, den die Mutter selbst gebacken?

Heutzutage ist das alles anders. Der Baum muß glänzen, glitzern, funkeln, blenden, daß

Eine Weihnachtskarte vom 2. Dezember 1915, auf der ein Christbaum mit silbernen Kugeln und anderem Baumschmuck versehen ist (zu „Kugeln und Lametta").

einem die Augen übergehen. Da gibt es goldig und grün schillernde Kerzenhalter, blitzende Eiszapfen, silbern schimmernde Blüten, in deren Kelchen die Lichter Ihren Strahl tausendfach brechen, blau blinkende Sterne mit silbernen Kometenstreifen, goldiges und farbiges Engelshaar, Eisgirlanden aus Lametta, dazwischen farbenglühende Schmetterlinge und gaukelnde Kolibris, weiße Täubchen, schwarze Schwalben und zierliche Sammetäffchen mit Schirmen, bunten Glaskugeln, Glöckchen und unzählig bunte entzückende Nichtigkeiten, die den Christbaum zu einem Feengeschenk stempeln, das sinnverwirrend berauschend wirkt. Und das alles ist fix und fertig zu haben. Da liegt es in den Läden vor unseren erstaunten Augen."

Seit Mitte der 70er Jahre des vorigen Jahrhunderts waren die Kugeln mit Silbernitrat versiegelt, d. h., die dünnen Glaskugeln strahlten nun wie poliertes Silber. Die Kugeln konnten geometrisch eingedrückt, Gold- und Silberstaub konnte ihnen aufgesprüht werden, sie waren oft mit kleinsten Glasperlen versehen. Manche hatten auch ein Mattsilberband, das sich vom glänzenden Silber der Kugel deutlich abhob. Zuweilen stand auf einem solchen Bandstreifen „Fröhliche Weihnachten!" Noch vorhandene Exemplare deuten darauf hin: Einige findige Einzelhändler haben mit einem Stempel den Aufdruck selbst angebracht.

Die Hersteller ließen es nicht bei Kugeln bewenden: Engel, Tannenzapfen, Glöckchen, Vögel und andere Figuren kamen hinzu. Wie die „Gartenlaube" vom Dezember 1893 im oben abgedruckten Bericht meldete, gelangten sie versilbert oder in anderen Farben in den Weihnachtsbaum. Christbaumschmuck aus versilberten Glas war in der zweiten Jahrhunderthälfte die Hauptfertigung der thüringschen Glasfabrikation in der Gegend von Lauscha (bei Sonneberg).

Um 1880 kam Lametta auf. Es handelt sich um dünn ausgewalzte Metallfäden, die je nach Geschmack regelmäßig oder durch Bewurf unregelmäßig im Weihnachtsbaum hängen. Ursprünglich ziemlich kompliziert hergestellt, kamen später Zinnfolien dafür in Frage, dann Aluminiumfolien. Seit Jahren gibt es auch farbige Lamettafäden. Glaubt man Verkäufern, die sich mit Baumschmuck befassen, ist Lametta heutzutage wenig gefragt.

Um 1885 waren unsere Altvordern regelrecht vom Lametta begeistert. So schrieb in einem Brief Theodor Storm 1884: „Freund Petersen brachte am Sonntag vor Weihnachten eine Tüte märchenhafter Silberfäden. Mit diesen feinen Silberfäden wurde der Baum umsponnen, so daß er aussah wie fliegender Sommer."

Weihnachtsorgeln

Vor dem Ersten Weltkrieg erklang bei manchen Familien zur Bescherung und in den folgenden Tagen die Chreßdagsorgel (Weihnachtsorgel). Auf ihr drehte sich gemächlich der geschmückte Tannenbaum um seine eigene Achse. Er war in einem Ständer montiert, der unten eine langkegelige Öffnung hatte, die auf eine aus dem Orgelgehäuse herausragende Spitze gesetzt wurde. Solche Weihnachtsorgeln gehören zu den sogenannten mechanischen Musikwerken, die durch das Aufziehen eines Uhrwerks Musik wiedergeben.
Jedermann bekannt sind Spieldosen oder -uhren, die heutzutage bei allen Gelegenheiten angeboten werden. Schon im Altertum gab es vereinzelt mechanische Musikwerke.
Aus dem 16. und 17. Jahrhundert wird von mit Turmuhren verbundenen Glockenspielen berichtet, die ebenfalls zu den mechanischen Musikwerken zählen.

Weihnachtsorgel mit Christbaum.
Auf dem braunen Orgelkasten sitzt der Baumhalter, in dem der Stamm festgeklemmt ist. Wenn durch eine Kurbel das Uhrwerk aufgezogen wird, dreht sich der Weihnachtsbaum – unter Abspielen einer Melodie – gemächlich um seine Achse (zu „Weihnachtsorgeln").

Doch erst im vorigen Jahrhundert gelangten sie mit der zunehmenden Industrieali-
sierung zu einer größeren Verbreitung. Friedrich Theodor Kaufmann konstruierte im Jahre
1851 das Orchestrion, eine mechanische Orgel von ziemlicher Größe mit Flöten- und
Orgelstimmen, die durch Wind (Blasebalg) hervorgerufen werden.
Das Prinzip der Weihnachtsorgel ist gleich dem der Spieluhr. Eine mit Stiften versehene
Walze dreht sich, und die einzelnen Stifte reißen oder heben die tonlich abgestimmten
Zähne oder Zungen des Metallkammes an. Die Stifte sind so gesetzt, daß durch die einzelnen hintereinanderfolgenden Töne eine Melodie entsteht. Mit einer Walze können
höchstens drei Melodien abgespielt werden. Je nachdem wie stark das Uhrwerk ist, wie-
derholen sich die Lieder des öfteren.
Nach dieser Art sind die einfachen Weihnachtsorgeln gestaltet. Die Musikmechanik ist
auf einer runden, hölzernen Unterlage montiert, darüber als Abdeckung eine kuchenformähnliche Blechhaube (siehe Abb. auf Seite 83).

*Eine Weihnachtsorgel der ein-
facheren Art. Auf der runden,
hölzernen Unterlage ist das
Spielwerk aufmontiert.
Eine kuchenformähnliche
Abdeckung kommt darüber,
und zwar mit der Unterlage
fest verschraubt. Höchstens
drei Melodien können mit
solch einer Weihnachtsorgel
abgespielt werden (zu
„Weihnachtsorgeln").*

Eine bessere Ausführung stellen die Weihnachtsorgeln dar, die in einem lackierten Holzkasten eingebaut sind (siehe Abb. auf Seite 82). Hier werden die Melodien nicht von einer den Metallkamm reißenden Walze, sondern von einer Metallplatte mit Nocken hervorgerufen.

Jede Platte hat eine Melodie. Die erklingt so lange, wie das Uhrwerk die Mechanik antreibt. Durch ein Aus- und Einschaltehebel ist die aufgelegte Metallplatte an einer bestimmten Stelle zum Stillstand zu bringen. Diese Weihnachtsorgelart kann im groben, aber nur was ihre Handhabung anbetrifft, mit einem Grammophon verglichen werden.

In einer Geschichte ist zu lesen: „Wenn Weihnachten vor der Tür stand, holte man die Weihnachtsorgel vom Speicher." So hatten die Konstrukteure dieser Musikwerke sich das aber nicht gedacht. Sie sollte das ganze Jahr über dem Besitzer Freude bereiten. Schließlich wurde eine Unmenge von Platten angeboten, die Märsche, Operettenmelodien und Gassenhauer abspielten. So bekommt der heutige Besitzer einer solchen Weihnachtsorgel mitten im Hochsommer bei 30 Grad im Schatten Weihnachtsstimmung, wenn er den „Fehrbelliner Reitmarsch" oder Arien aus der Operette „Die Dollarprinzessin" hört. Der Grund: Seine Eltern besaßen eine Orgel. Da von den ca. 30 Metallplatten nur wenige mit Weihnachtsliedern waren, wurden die oben genannten „weltlichen Melodien" ebenfalls recht oft an den Feiertagen abgespielt. Als kleines Kind war er fest davon überzeugt, daß diese Melodien zu Weihnachten gehörten.

Viele Wirtschaften hatten ein solches Musikwerk (Musikautomat) im Schankraum, denn – man überlege – Radio und Fernsehen gab es noch nicht, kein Video, keine Kassetten usw. Die von Emil Berliner aus Hannover weiterentwickelte Sprechmaschine (1889), der Edisons Grammophon mit Hartgummi-Schallplatten ausstattete, befand sich um die Jahrhundertwende noch in den Kinderschuhen.

Die vielen mechanischen Musikwerke, die auf dem Spieluhrprinzip fußten, unterschieden sich oft nur durch klangvolle Namen, die die Hersteller ihnen gaben. So veröffentlichte E. Henseler Nachfahren, Inh. Jul. Irmler in Elberfeld, am 22. Dezember 1894 im Remscheider Generalanzeiger eine Annonce, in der er „Mechanische Musikwerke" anpreist in

„denkbar größter Auswahl wie Polyphons, Symphonions, Mouspol, Automaten in allen Größen, Neuheit: Gloriosa, Christbaum-Untersatz mit Hunderten von Musikstücken, während des Jahres als Musikwerk mit drehbarem Tafelaufsatz, eine prachtvolle Zimmerzierde bildend." Was konnte man alles darauf stellen: Zinnsoldaten, Nippesfiguren, die genüßlich von allen Seiten betrachtet werden konnten. Es gibt noch einige Weihnachtsorgeln im Bergische Land. Im Antiquitätenhandel werden sie angeboten –
für sündhaft teures Geld.

Begossene Kugeln

Mancher „Arbetsmann" (plattdeutscher Ausdruck für einen Arbeiter) und mancher „papieren Dalüöhner" (plattdeutsche, heute veraltete Bezeichnug für einen Handlungs-gehilfen oder eine männliche Schreibkraft) mußte am Heiligen Abend bis in die späten Nachmittagsstunden hinein an seinem Arbeitsplatz verharren. Ob sie nachmittags noch den Hammer schwangen oder fein säuberlich Rechnungen schrieben, das sei dahinge-stellt! Aber sie hatten zu bleiben. Kam der „Arbetsmann" heim, mußte der Christbaum „angezogen"(geschmückt) werden.

Um diese Zeremonie ranken sich viele Legenden. Daß dem Branntwein in jenen Tagen herzhaft zugesprochen wurde, das ist kein Geheimnis. Er war Medizin, Tröster und Freudenspender zugleich. Glaubte man! Beim Herrichten des Baumes „zog" so mancher biedere Familienvater mehr an der Flasche, als selbst ein alkoholgewöhnter Kämpe ver-trug.

Es heißt, jede in die Zweige gebrachte Kugel mußte begossen werden. Damit stieg die Stimmung. Der Körper, von Kopf bis Fuß, vollzog mehr oder weniger gekonnte Schlinger-bewegungen.

War der Christbaum „praat" (fertig), hatte der brave Familienvater Bettreife, zumindest benötigte er eine längere Ruhepause. In die Federn jedoch durfte er nicht. Es war ja noch so viel zu tun. Also erbarmte er sich nach einer Verschnaufpause und half der in diesen Tagen vielgeplagten Ehefrau. Eines aber war klar: Am Heiligen Abend konnte somit nicht beschert werden. Aber das war ohnehin damals nicht üblich, keineswegs nur wegen des übermäßigen Alkoholgenusses. Ob alles, was man uns erzählt hat, stimmt? Zweifel sind erlaubt, denn nach Schriftzeugnissen suchen wir vergebens!

Schloß Burg
am
Heiligen Abend

Seit kurzem – es war wohl im Jahre 1957 – besaß der Sohn ein Auto, einen Volkswagen, Baujahr 1952. Der Vater war begeisterter Mitfahrer. Im Sommer dieses Jahres hatte die Familie, der Sohn wohnte noch zu Hause, zahlreiche „Tagestouren" unternommen. Man genoß die Freiheit, zu jeder Stunde vom eigenen „Bahnhof", sprich vom Bürgersteig des Hauses aus in die „weite Welt" fahren zu können.

Ob in Limburg, in Holland oder in der Eifel, überall war der braune Wagen aufgetaucht.

So kam der Heilige Abend. Schon am frühen Nachmittag stand der Weihnachtsbaum fertig geschmückt im Wohnzimmer. Draußen lag Schnee. Gegen 15 Uhr hatte es noch ein wenig dazugeschneit. Frisch – wie ein gewaschenes Bettuch – lag die neue Schneeschicht über der bereits ein wenig schmuddelig gewordenen alten. Die Dämmerung brach herein. Bald leuchtete der Vollmond: Eine Bilderbuch-Weihnacht stand bevor.

Der Sohn las, der Vater saß sinnierend im Sessel, die Mutter hantierte in der Küche. Bis zur Bescherung konnte es, so meinte sie, noch ein Weilchen dauern. „Du" sprach der Vater, „sollen wir nicht ein

Der Zwinger von Schloß Burg in der Vorweihnachtszeit (zu „Schloß Burg am Heiligen Abend").

Stündchen fahren, wo der Schnee im Mondschein leuchtet?" – „Ja, könnten wir. Aber wohin?" – „Ist mir gleich. Bei dieser Schneelage ist es im Bergischen Land überall schön", antwortete der Vater. Kurze Zeit später saßen die zwei im Auto. Sie fuhren einfach drauflos, über Reinshagen in Richtung Burg. In der Kehre, von wo aus Schloß Burg wie auf dem Präsentierteller liegend zu sehen ist, sahen sie die seit 1887 wieder aufgebaute Burg, nun vom Schnee, milden Licht und Weihnachtsbäumen verklärt. „Dort, wo sonntags stets Rummel ist, müßte es heute abend ruhig sein", dachte der Sohn. „Nichts wie hin!" Er hatte recht. Der Parkplatz war leer. Selbst der Kassierer hatte sein Häuschen verlassen. Die „Burger Raubritter" hatten für diesen Abend das „Geld-machen" eingestellt. Weder Mensch noch Hund waren zu sehen. Nur Stille, kein Benzingestank, gute, frische Abendluft. Aus der Ferne klang leise, wie eine Untermalung, Glockengeläut.
Eine wunderschöne Zeitspanne standen Vater und Sohn bevor. Erleuchte, gelbrote Fenster im Fachwerkbau des Zwingers ließen erahnen, hier wird bereits beschert. Man konnte geneigt sein zu glau-

Der Palas (Hauptgebäude) mit dem Rittersaal von Schloß Burg kurz vor Weihnachten (zu „Schloß Burg am Heiligen Abend").

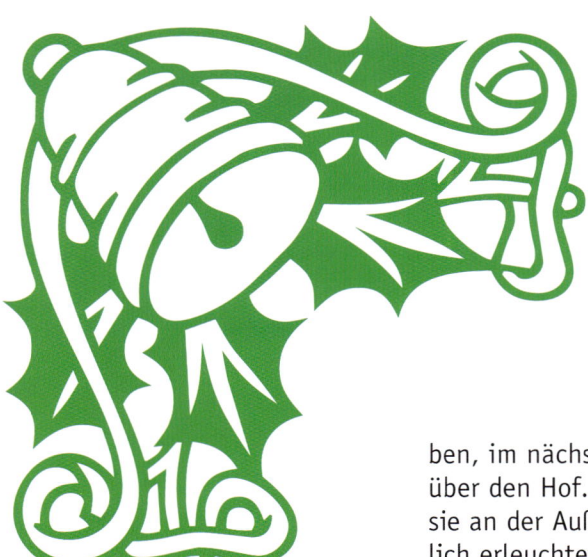

ben, im nächsten Moment huscht das Christkindchen über den Hof. Als beide den Zwinger verließen, sahen sie an der Außen-Fachwerkfront ebenfalls weihnachtlich erleuchtete Fenster. Welch ein Anblick: Fachwerk, mildes Licht aus den Fenstern, Schnee und weiß bedeckte Bäume auf der Seite nach Höhrath hin, dazu der Vollmond.

Dann auf dem sogenannten Vorburgplatz das Denkmal Engelberts II. vom Weihnachsbaumlicht umhüllt, seitlich hinter ihm der Vollmond, der ohnehin die ganze wie eine Märchenszene sich darstellende Front des Palas stimmungsvoll erhellte. Die Fenster in der Hausmeister-Wohnung über dem Eingangstor zeigten ein festliches Dunkelrot.

Gedanken, frei nach Hermann Löns, drängten sich auf: „....kein Laut der aufgeregten Zeit drang in diese Weihnachtsfeierlichkeit."

Aus Unterburg, auf dem Sporn, hinter dem die Galapa liegt, grüßte ein großer Weihnachtsbaum die ergriffenen Burgbesucher, weitere kleine im Ort und in der Wupper-Aue schlossen sich ihm im Halbkreis an.

Dann erklangen die Burger Kirchenglocken. Sie mahnten, nun heimwärts zu fahren, „zu Muttern", zum eigenen Weihnachtsbaum, zur Bescherung. Die beiden, die eigentlich nur die Zeit bis zur Bescherung verkürzen wollten, hatten sich reich beschenkt: am Heiligen Abend im Herzens-Mittelpunkt des Bergischen Landes, auf Schloß Burg.

Das Erlebnis klingt bei dem Sohn bis heute – über vierzig Jahre später – nach. Er fährt nicht mehr am Heiligen Abend nach Schloß Burg. So ergreifend wie damals kann es nicht mehr werden.

Christkindchen und Weihnachtsmann: Das Thema ist nicht einfach. Schauen wir erst einmal auf unsere bergische Weihnacht. Hier geborene und aufgewachsene Menschen über 60 Jahre berichten, daß in ihrer Kindheit nur das Christkindchen die Geschenke brachte.

Leider hat Gustav Hermann Halbach, der Verfasser des „Bergischen Sprachschatzes", dies für unser Gebiet nicht geklärt. Entweder war es ihm zu heikel oder es war ihm selbstverständlich, daß das Christkindchen im Remscheider Raum die Gaben brachte. Unter Christkindchen versteht er nur ein Geschenk, welches man zu Weihnachten – gleich von wem – erhält.

Eine damals über 90 Jahre alte Remscheiderin berichtete vor Jahren: „Unter dem Christkindchen stellte ich mir als Kind ein zartgliedriges, hübsches, hellblondes Mädchen vor." Das Christkindchen, und darüber sind sich alle im klaren, die sich damit befaßt haben, ist nicht identisch mit dem in der Krippe liegenden Jesuskind, sondern es ist eine als Gabenbringerin zu Weihnachten gedachte Phantasiegestalt. Jedes Kind hatte oder hat davon meist eine verschwommene Vorstellung. Gerade das Geheimnisvolle um diese

Christkindchen oder Weihnachtsmann

Eine Weihnachtskarte mit dem Poststempel von 2. Dezember 1899. Sie zeigt das Christkindchen als junges Mädchen im weißen Gewand, mit Strahlenkranz und geschmücktem Weihnachtsbäumchen auf das Haus zugehend, wo ein Fenster hell erleuchtet ist.

Im Innerbergischen kannte man in früherer Zeit nur das Christkindchen als Gabenbringer. Im Jahre 1932 war in großen Teilen Westdeutschlands, in Süddeutschland (somit auch in Österreich) und in Schlesien das Christkindchen noch der Gabenbringer (zu „Christkindchen oder Weihnachtsmann").

FRÖHLICHE WEIHNACHTEN!

unsichtbare, nur zu Weihnachten gegenwärtige überirdische Gestalt regte die Gedankenwelt der Kinder an. Die Eltern brachten ein ähnliches Christkindchenbild aus ihrer Kindheit mit in die Erwachsenenwelt. Fragen der Kleinen wurden oder werden somit unbefriedigt beantwortet.

Auf Weihnachtskarten um 1900 wird das Christkindchen als junges Mädchen, manchmal auch als kleines Mädchen dargestellt. Das Bedeutungswörterbuch des Duden sagt auf Seite 151 zum Stichwort „Christkindchen": „Gedachte Person, die den Kindern zu Weihnachten Geschenke überbringt." Im Herkunftswörterbuch des Duden steht auf Seite 95 nur: „Christkind (16. Jahrhundert)". Darunter ist das erste Auftreten dieser Bezeichnung zu verstehen. Einige Lexika übergehen das Stichwort „Christkindchen" oder drücken sich um eine klare Stellungnahme.

Wurde eingangs gesagt: Das Christkindchen bleibt unsichtbar, so muß doch angemerkt werden, daß es in einigen Gegenden des deutschen Kulturraumes auftrat, natürlich von

Als zartgliedriges, hübsches und hellblondes Mädchen stellten sich viele der um 1900 Geborenen das Christkindchen vor, wohl so, wie das engelgleiche Mädchen auf der Weihnachtskarte, die am 23. Dezember 1909 gestempelt wurde (zu „Christkindchen oder Weihnachtsmann").

einer weiblichen Person dargestellt. So ist ein Christkindumgang für das 17. Jahrhundert im damals noch völlig deutschen Elsaß belegt.

Dieser Brauch war früher auch im südlichen Rheinland verbreitet. So sagt ein Erinnerungsbericht aus der Zeit um 1930 über den Heiligabend in Pommern an der Mosel vom Christkindumgang: „Ein weißgekleidetes Mädchen, tief verschleiert und mit einer Krone versehen, erscheint in den Häusern und beschenkt die Kinder."

Um 1970, so heißt es, gab es nur noch sehr wenige Gebiete, dazu sehr kleine, und zwar auf dem Hunsrück unweit der Nahe, in der Pfalz und man höre und staune: in der vom Rheinland weit entfernten Lausitz, wo das Christkindchen – fast ausnahmslos verschleiert – durch die Ortschaften ging, um Gaben zu verteilen.

Und der andere Gabenbringer, der Weihnachtsmann? Er entstammt dem 19. Jahrhundert. In ihm vereinigen sich Nikolaus und Knecht Ruprecht zum großväterlichen, gütigen Gabenbringer, der nur zu Weihnachten und nicht wie vorher am 6. Dezember, dem

Der Weihnachtsmann als Gabenbringer im roten Mantel und mit Kapuze ist eine „Erfindung" des vorigen Jahrhunderts. Nach 1850 setzte er sich vor allem in Norddeutschland langsam durch. Werbung und Medien reden heute nur vom Weihnachtsmann: Er läßt sich besser vermarkten! Die Ansichtskarte wurde zu Weihnachten 1902 verschickt (zu „Christkindchen oder Weihnachtsmann").

Nikolaustag, den Kindern Geschenke bringt. Im „Deutschen Wörterbuch" von Jakob und Wilhelm Grimm steht: „Zugrunde liegt die Vorstellung des schwer beladenen, bärtigen Knechts Ruprecht oder des Nikolaus, der frommen Kindern Gaben bringt, unartige straft" (zitiert nach Heinrich Seidel – 1842/1906 –: „Leberecht Hühnchen", Erstausgabe 1883).

Seine erste Erwähnung findet der Weihnachtsmann 1820 in dem Werk „Deutsche Sprache in Posen". Bekannt gemacht hat das Wort Weihnachtsmann 1837 auch Hoffmann von Fallersleben, der Dichter des Deutschlandliedes: „Der Baum, den heute mir bringt der Weihnachtsmann...der liebe, gute Weihnachtsmann."

Das Aussehen des Weihnachtsmannes soll auf den Maler Moritz von Schwind zurückgehen. Er zeichnete 1847 eine Bildfolge „Herrn Winter", auf dem das Erscheinungsbild des Weihnachtsmannes fußt. So jedenfalls meinen es die Experten.

Ab Mitte des vorigen Jahrhunderts setzte sich der Weihnachtsmann mehr und mehr durch. Allerdings nicht im gesamten deutschen Kulturraum.

Um 1932 (laut Fragebogen des „Atlasses der deutschen Volkskunde") war in großen Teilen Westdeutschlands, in ganz Süddeutschland (somit auch in Österreich) und in Schlesien das Christkindchen der Gabenbringer. Östlich einer ungefähren Linie, die von Emden/Oldenburg über Minden/Detmold–Kassel– Erfurt nach Hof/Eger verläuft, hatte der Weihnachtsmann sein Gebiet. Also gab es um diese Zeit, was die Gabenbringer betrifft, ein weihnachtlich gespaltenes Volk.

Mittlerweile hat der Weihnachtsmann große Bodengewinne erzielt. Das Christkindchen ist seit Jahrzehnten auf dem Rückzug, besonders in Großstädten. Einige Eltern erzählen ihren Kindern noch vom Christkindchen, die meisten aber vom Weihnachtsmann.

Werbung und Medien reden durchweg vom Weihnachtsmann. Er ist publikumswirksamer, physisch stärker (ein Mann verkörpert ihn), wärmer angezogen und kann folglich stundenlang in klirrender Kälte vor einem Kaufhaus stehen. Dafür ist ein zartgliedriges, blutjunges Mädchen im dünnen, weißen Kleid ungeeignet. Auch die Süßwarenindustrie entschied sich frühzeitig für den Weihnachtsmann. Legionen von Schokoladen-Weihnachtsmännern verharren in den Regalen der Filialisten. „Haben Sie schon einmal ein Schokoladen-Christkindchen gesehen?" Wahrscheinlich nicht.

Bei uns im Innerbergischen sollte das herkömmliche Christkindchen nicht sang- und klanglos dem Weihnachtsmann geopfert werden. Generationen von Kindern an Wupper, Esch- und Morsbach haben an das Christkindchen geglaubt, es geliebt. Tradition hat bei uns – trotz der vielen Weihnachtsmänner vor und in Kaufhäusern oder auf Weihnachtsmärkten – das Christkindchen!

Weihnachten vor dem Ersten Weltkrieg (1914–18) und darüber hinaus in der Hofschaft Westen auf den Höhen des Morsbachtals war eine stille Zeit, verglichen mit der Hektik von heute, doch eine Vorfreude auf das Fest war – vor allem bei den Kindern – zu verspüren. In den Häusern wurde gebacken, gestickt, gehäkelt, wohl auch gebastelt. In den sogenannten Kolonialwarenhandlungen hatten die Inhaber das Sortiment bescheiden um einige Waren vermehrt. Vor den Tagen kamen Händler mit Fuhrwerken in den Hof, die Apfelsinen, Feigen und Nüsse feilboten. Nüsse wurden nicht gewogen, sondern in Hohlmaßen abgefüllt.

Weihnachtseinkäufe tätigte man meist in Ronsdorf, der größeren Auswahl wegen in Remscheid. Sollte es etwas ganz Besonderes sein, zogen die „Kaufwilligen" zu Fuß durchs Gelpetal nach Elberfeld, immerhin ein über anderthalbstündiger Fußmarsch. Und zurück ebenfalls die gleiche Route, nun aber mit prallvollen Taschen und sperrigen Paketen!

Mit großer Spannung wurde die Weihnachtsfeier des Grunder Schulvereins im großen Saal des Ausflugslokals Langenhaus erwartet, wo jedes Kind eine

Advent und Weihnachten in einer Bergischen Hofschaft

Häusergruppe in der Hofschaft Westen im Jahre 1973. Das Haus vorne links steht nicht mehr. Es mußte für den Vorplatz eines Neubaus und für Garagen weichen (zu „Advent und Weihnachten in einer bergischen Hofschaft").

Ein Blick über das verschneite Gelpetal nach Remscheid. Einst pochten in diesem Tal viele Hämmer, surrten zahlreiche Schleifsteine in den Kotten. Heute sind alle verstummt
(zu „Advent und Weihnachten in einer bergischen Hofschaft").

In diesem Haus in der Hofschaft Westen bei Remscheid wurde Weihnachten immer stilvoll begangen. Einer der Hausbewohner war ein richtiger „Chreßdagsvuogel"(Weihnachtsvogel), also jemand, dem Weihnachten sehr am Herzen lag (zu „Advent und Weihnachten" in einer bergischen Hofschaft") .

Das abgebildete Haus (früher Westen Nr. 19) fiel vor Jahren der Spitzhacke zum Opfer. Mit ihm verschwand eines der geschichtsträchtigsten Fachwerkhäuser unseres Gebietes. Der älteste Teil stammte aus dem 16./17. Jahrhundert.

Wenn die „Weihnachtseinkäufer" der Hofschaft Westen bei Remscheid nach langem Fußmarsch vor dem Elberfelder Rathaus standen, lag das beschwerlichste Stück der Tour noch vor ihnen: mit schwerem Gepäck wieder zu Fuß heimwärts (zu „Advent und Weihnachten in einer bergischen Hofschaft").

Wenn die Bewohner der Hofschaft Westen bei Remscheid zum Weihnachtseinkauf zu Fuß nach Elberfeld gingen, kamen sie am Büngershammer – das Bild stammt aus der Zeit um 1906 – vorbei (zu „Advent und Weihnachten in einer bergischen Hofschaft").

Tüte mit Süßigkeiten erhielt und ein Weihnachtsspiel auf der relativ großen Bühne ablief.

In der Nacht zum ersten Feiertag, wo wohl jedes Kind unruhig schlief oder von den gewünschten Spielsachen träumte, blies Punkt zwölf Uhr ein Trompeter „Stille Nacht" und „O du fröhliche". Wie Zeugen berichteten, soll das Trompetensolo bei einigen Leuten regelmäßig vor Rührung eine Gänsehaut hervorgerufen haben.

Bereits um 4.30 Uhr in der Frühe waren einige Fenster erhellt. Die „lieben Kindlein" drängten die Eltern, dem Christkindchen Beine zu machen, denn die Spannung auf die seit Wochen ersehnte Bescherung war auf dem Höhepunkt angelangt. Spätestens um sechs schlief in den Häusern mit Kindern niemand mehr. Um sieben hatte jedes Kind, jedes Familienmitglied seine Geschenke in den Händen oder auf dem Tisch liegen. Tränen der Enttäuschung dürften bereits geflossen sein.

Ein längst Verblichener berichtete von der Bescherung vor 1914 in einer Großfamilie (damals waren fast alle Familien „kinderreich"): „Sobald das Glöcklein erklang, strebten die bereits festlich gekleideten Kinder, die ungeduldig auf dem Treppenpodest des Obergeschosses, wo sich die Schlafräume befanden, standen, schnellstens vor die Tür des Bescherungszimmers. Ein Mädchen, dem das Hinabsteigen der Treppe in der Kindermeute zu lang gedauert hätte, rutschte einfach auf dem Handlauf des Geländers hinunter und stand somit als erstes Kind an der Tür.

Auf dem Weihnachtstisch lagen die Geschenke, dem Alter der Kinder entsprechend, hintereinander. Meist handelte es sich um nützliche Dinge, für die Kleinen auch Spielsachen, für die Älteren ein Buch und den für alle heißbegehrten Teller mit Leckereien."

Wochenlang freuten sich alt und jung auf die Weihnachtsfeier des Grunder Schulvereins im Saal des „Sommerlokals" Langenhaus bei Remscheid (zu „Advent und Weihnachten in einer bergischen Hofschaft").

Ganz besonders glücklich war das Mädchen, das den Handlauf der Treppe als „Beförderungsart" gewählt hatte, im Jahre 1912: Eine Kinder-Nähmaschine stand auf ihrem Platz. Ihr heißer Wunsch war in Erfüllung gegangen. Nach einiger Zeit, als der Trubel sich ein wenig gelegt hatte, forderte der Vater seine Nachkommenschaft auf, nun endlich ein Weihnachtslied zu singen. Was dann auch geschah. Um welches Lied es sich handelte, ob mehrere folgten, war den Zeitzeugen nicht mehr geläufig.

Schließlich wurde das Weihnachtsfrühstück eingenommen: Kuchen mit Kaffee und für die Kinder Kakao. Danach erschienen die ersten Nachbarn, um ein schönes Fest zu wünschen und um zu sehen, was das Christkindchen gebracht hatte. Dabei dampften die Pfeifen mit den langen Rohren (lange Pfeifen), Schnaps und „Aufgesetzter" wurden eingeschenkt.

Das überglückliche Mädchen mit der Kinder-Nähmaschine mußte nach Weihnachten eine herbe Enttäuschung erleben. Sie wollte für ihre Puppe ein Kleidchen nähen. Das ging nicht, denn das „Maschinchen" war nur eine Attrappe, nicht zum richtigen Nähen geeignet. Die Traurigkeit darüber konnte man noch spüren, wenn sie im „Oma-Alter" darüber sprach. So war es halt oft mit den Kinderspielzeugen in jenen Tagen, wenn es sich um verkleinerte Erwachsenengeräte handelte. So hatten auch Spielzeugdröppelminas keinen richtig abgedichteten Verschluß, viele Spielzeug-Werkzeugkästen besaßen Teile, mit denen die Kinder nur spielen, aber nicht arbeiten konnten. Lediglich Dampfmaschinen bildeten eine rühmliche Ausnahme!

Noch kommt Rauch aus dem blechernen Schornstein. Doch das Fest rückt näher. Bald wird die Arbeit für einige Tage unterbrochen. Die Schleifergesellen dürfen sich ein wenig ausruhen. Meist wohnten sie in den umliegenden Hofschaften (zu „Advent und Weihnachten in einer bergischen Hofschaft").

 Der Roodekotten im Saalbachtal unterhalb der Hofschaft Westen, etwa im Jahre 1910.

Weihnachtsprobleme

Spielsachen mit Uhrwerk, also Autos, Lokomotiven usw. waren oft wenige Stunden nach der Bescherung schon beschädigt. Die Beschenkten waren neugierig, warum diese Teile, die mit einem Schlüssel aufzuziehen sind, von alleine liefen. Also nahmen sie nach Kinderart die Spielzeuge auseinander, und zwar so, daß sie nicht mehr reparabel waren. Sehr zum Verdruß der Eltern, die ihren Zorn manchmal durch Prügel Nachdruck verliehen. So meinte eine Frau, die heute weit über neunzig Jahre alt wäre, regelmäßig am Weihnachtsmorgen, lange Zeit vor dem Festmahl: „Ich möchte gerne wissen, wieviele Kinder schon den Hintern versohlt bekommen haben?" Es werden nicht wenige gewesen sein, darf rückblickend vermutet werden! Viele der „Spielsachen-Zerstörer" wurden später tüchtige Facharbeiter, Meister, Ingenieure.

Oft wurden Kinder jahrelang mit den gleichen Spielzeugen bedacht, die zum Fest „aufgemöbelt" auf dem Gabentisch lagen oder vor ihm standen. Dazu gehörten vor allem Holzpferde (zu „Weihnachts-Probleme").

Was Kinder früher vor dem Fest nicht begreifen konnten: Plötzlich, über Nacht, stand das Holzpferd, die Burg, der Bauernhof, der Kaufladen nicht mehr am angestammten Platz. Großes Geschrei! „Das Christkindchen hat sicherlich den Kaufladen geholt", tröstete die Mutter. „Warum", schluchzte das Töchterlein, „ich wollte gerade damit ‚sooo' schön spielen!" – „Ach, warte mal bis Weihnachten, vielleicht wird er schöner und mit mehr Inhalt unter dem Weihnachtsbaum stehen. Du hast dir doch einiges dazugewünscht." Murrend und unzufrieden nahm die Kleine das hin. „Allzulaut dagegen aufmucken oder gar weinen, ist nicht gut. Christkindchen könnte es möglicherweise mitbekommen und dann einem anderen Kind den Kaufladen bringen, oder die heißgewünschte Ladenkasse ist nicht dabei", dachte verärgert das Mädchen.

Um die Puppen neu einzukleiden, nahm man den Mädchen „ihre Kinder" nicht weg. Abends, wenn der Nachwuchs schlief, schneiderte die Mutter das neue Kleidchen oder strickte eine ältere Schwester ein Jäckchen.

Jungen wunderten sich, wenn das vom Spielen so ramponierte Holzpferd plötzlich verschwunden war. Aber da es keinen Schwanz mehr besaß, die Beine lose und der Kopf bedenklich aussah, lag ihnen weniger an dem Verlust. Wie aber wunderten sie sich, wenn im Schein der Kerzen ein frisch geputztes Roß vor dem Gabentisch stand, das dem seit Wochen abhandengekommenen größenmäßig so glich. Nur war es kein Schimmel, sondern ein Brauner. Statt des weißen Schwanzes hatte das Holzpferd einen schwarzen, das aufgemalte Zaumzeug leuchtete rot statt grün.

Die Eltern mußten notgedrungen zu solchen Methoden greifen, weil das Geld – wie auch heute noch bei manchen Zeitgenossen – zu schnell schmolz. Jedoch der damalige Weihnachtsbaum erlebte nur eine Weihnacht, war stets frisch. Wenn er allerdings zu früh geschlagen wurde, rieselte er nach ein paar Tagen.

Heute gibt es keine „Dauer-Weihnachtsspielsachen" mehr. Dafür ist der Baum oft ein „Dauer-Brenner", ein künstlicher, der jedes Jahr aufgestellt wird, und die Kerzen, elektrische natürlich, ebenso. Ein ununterbrochen leuchtender Christbaum verliert schnell seinen Reiz. So meinen es jedenfalls Weihnachtsbegeisterte.

Grünkohl mit Bratwurst

Der weihnachtliche Speiseplan vor etwa 100 Jahren. Wie sah er aus? Gustav Hermann Halbach (1882-1958) berichtet, daß das Mittagessen am ersten Weihnachtstag aus „fetter Fleischsuppe mit Pfeffer und Safran, Rinds-, Kalbs- oder Schweinebraten, roter Beete, eingemachten Gurken, Zwiebeln, Birnen und Pflaumen bestand." Am zweiten Feiertag soll es mittags Grünkohl, Bratwurst und Bratkartoffeln gegeben haben.

Nun wurde dem Schreiber dieser Zeilen vor Jahrzehnten von damals betagten Personen gesagt, daß es bereits am ersten Festtag bei einfachen Familien üblich war, Grünkohl mit Kartoffeln vermengt und zu Mus gestampft, auf plattdeutsch „Kuohlmuos ongeri'en" genannt, aufzutischen, allerdings zur Feier des Tages mit einer Bratwurst garniert. Üblicherweise gab es dieses Gericht wochentags auf Arbeitertischen ohne Bratwurst. Braten mit den oben genannten Zutaten gab es sicherlich nicht als Weihnachtsessen bei kinderreichen Arbeiterfamilien. Ausnahmen können durchaus vorgekommen sein. Vielleicht mußte auch ein Hauskaninchen oder ein Huhn seinen Lebenslauf beenden. Zumindest war es auf den Höfen üblich, sich einige Hühner oder Stallhasen zu halten.

Weihnachtsnachmittags gab es, ebenfalls nach Gustav Hermann Halbach, Kaffee mit Burger Brezeln, Zwieback, Reisbrei (wohl mit Zucker und Zimt), Waffeln und Muzen (in Fett oder Öl gesottene Hefeteigklumpen, mit Zucker bestreut). Hier muß angemerkt werden, daß wohl nicht immer alle genannten Gebäcke auf den Tisch kamen: entweder Brezeln oder Zwieback, Waffeln oder Muzen. Zumindest aber dürfte der Weihnachtskaffeetisch der heute so beliebten Bergischen Kaffeetafel nahegekommen sein. Wenn dazu noch der „gute Bohnenkaffee" in einer Dröppelmina aufgebrüht wurde – selbst Kleinverdiener-Familien besaßen oft diese zinnernen Kaffeekannen –, war die bergische Weihnachts-Kaffeetafel für unsere Altvorderen ein Erlebnis, von dem sie noch im hohen Alter schwärmten.

Es ging auf Weihnachten 1898 zu. Seit einigen Tagen lag fußhoher Schnee im Bergischen. Karl und sein Freund Erich stapften ihren morgendlichen Weg zur Schule. Ihre Unterhaltung drehte sich um das Weihnachtsfest. So mancher Wunsch mußte noch durchgesprochen werden.

Erich, der Sohn eines Exportkaufmanns, dessen Geschäfte bis nach Batavia und São Paulo gingen, wünschte sich ein Pony: ein braunfarbenes sollte es sein. In seiner Phantasie war schon alles bestens geordnet – wie das Hauptbuch seines Vaters. Nicht nur den Namen des Pferdchens hatte er parat – notfalls sollte es umgetauft werden –, sondern auch Pläne, wie der Stall geändert werden mußte; denn zwei Pferde, der Max und die Dora, standen bereits im Nebengebäude des stattlichen Bürgerhauses mit den Rokokogiebeln.

Das Pony sollte als Reitpferd dienen, aber auch einen Wagen ziehen können. Den Wagen, ja, den wünschte er sich zum Geburtstag im März.

Erich war ein Pferdenarr. Karl interessierte sich mehr für Lokomotiven; auch von der Musik hielt er viel.

In der ersten Schulstunde hatten sie Rechnen.

Ein Weihnachts-morgen im alten Vieringhausen

Eine goldene Kette gab es zu Weihnachten für die Mutter nicht, dafür eine Dröppelmina (zu „Ein Weihnachtsmorgen im alten Vieringhausen").

Eine Bergische Kaffeetafel aus Kinderspielsachen, die aus verschiedenen Zeiten stammen, u. a. mit einer Spielzeugdröppelmina, die der letzte bergische Zinngießer, der noch nach überlieferter Weise arbeitete, herstellte.

Das machte ihnen Spaß, zum Glück; denn Lehrer Schmitz fackelte nicht lange, und für falsche Antworten oder zu langes Überlegen verteilte er freigiebig schallende Backpfeifen. In der letzten Stunde gab Lehrer Schmitz sich gnädig und erzählte vom „Siebziger Krieg" gegen die „Franzmänner". Dabei hob er – wie immer, wenn sein Lieblingsthema mit ihm durchging – die Leistungen der Kavallerie hervor. Vom soldatischen Wert dieser Truppenart schien er geradezu gefesselt zu sein. Am Schluß seiner Erzählungen schilderte er das Pferd als den treuesten Freund des Menschen, was Karl erboste: Sein treuester Freund war doch der Tell, der große Schäferhund des Nachbarn Kotthaus. Wie sollte gegen ihn ein Bäckergaul auch nur im entferntesten ankommen können?

Auf dem Heimweg sah Karl solch einen Bäckergaul vor dem Laden des Metzgers Paas stehen. Schmitzens Pferdelob hatte Karl freilich neugierig gemacht. Einen Meter vor dem Kopf des großen Tieres blieb er stehen. Zwei grundgütige und sanfte Augen schauten ihn an. Dann trat Karl unbewußt näher auf das Pferd zu – und streichelte es. Dem tat das sichtlich wohl. Nach einiger Zeit erst begriff Karl, daß er einen „Gaul" getätschelt hatte, und sonst waren ihm diese starken Tiere immer unheimlich gewesen. Vor allem seit Erichs Vater im vorigen Herbst von Schaustellern die bösartige Dora gekauft hatte. Und in der Tat, die Dora war ein Teufel. Man durfte ihr nicht trauen. Selbst Erich konnte sie nicht leiden. Nur Hannes, der alte Fuhrknecht, kam mit ihr aus. Hannes hatte ein Leben lang mit Pferden zu tun gehabt; er benutzte so seine Hausmittel, um störrische Rösser kleinzukriegen.

Am nächsten Morgen gab es für Karl nur noch einen Weihnachtswunsch: ein Pony, ein braunfarbenes, wie Erich sich eins wünschte; denn das sollte die beste Rasse sein. In der Nacht hatte er geträumt, unter dem Weihnachtsbaum habe ein solches Pferdchen ihn freundlich angewiehert. Tag und Traum verwischten sich fortan bei ihm. Daß sein Vater nur ein kleiner Gemischtwarenhändler war, den eine schlimme Krankheit gezwungen hatte, seinen Beruf als Hammerschmied aufzugeben, hatte keinen Platz mehr in seinem Hirn.

Als die Freunde sich trafen, um Schmitzens Weisheiten in sich aufzunehmen, gab es nur noch ein Thema: das Pony.

Hannes, der Fuhrknecht, erfuhr von den Wünschen der beiden. Verschmitzt, wie er war, ein Filou in solchen Dingen, nährte er die Hoffnung der Jungen kräftig. „Ihr dürft", so redete er beiläufig daher, „einen solchen Wunsch nicht vor den Eltern aussprechen oder ihn gar auf den Wunschzettel schreiben, dann erfüllt er sich nicht. Ihr müßt die Sache umschreiben."

Da Hannes über manche Fähigkeit verfügte, die den Freunden über ihren Verstand ging, folgten sie seinem seltsamen Rat. So schrieb Karl auf seine Wunschliste kurz und bündig: „Ein Ding, das braun ist, sich bewegt und Töne von sich gibt."

Karls Vater wunderte sich sehr über dies Ungereimte und fragte seinen Sohn, was das zu bedeuten habe. Der jedoch verriet sein Rätsel nicht. Also dachte der Vater nach: „Richtig! Karl wünschte sich eine Spieluhr." Die hatten sie neulich in Solingen gesehen, und Karl hatte sich nicht davon losreißen können. Auch lief er Musikanten und

Drehorgelmännern bis zum Hauptbahnhof nach, was doch von Vieringhausen ziemlich weit ist.

Hannes unterrichtete Karl inzwischen, wie man mit Pferden umgeht. Bald wußte er davon so viel, wie heute ein Autoschlosserlehrling im dritten Lehrjahr von Kraftfahrzeugen.

Mittwochs vor Weihnachten fuhr der Vater mit der „Solinger Bahn" über die Müngstener Brücke nach Solingen. Er wollte den Jüngsten, seinen Lieblingssohn, nicht enttäuschen. In der Nähe der Solinger Kirche fesselte ihn ein Schaufenster mit blanken Zinngerätschaften. Eine wahre Pracht fand er da vor. Dröppelminas aller Sorten und Größen waren ausgestellt, daneben noch manch anderes Teil, das einer bergischen Hausfrau das Herz höher schlagen ließ.

Da fiel ihm seine Frau ein. „War es nicht schon lange ihr Wunsch, eine solche Prunkkanne zu besitzen?" Schon stand er im Laden, und eine Adlerkanne gehörte ihm. Zwölf Mark wanderten in den Ledergeldbeutel des Zinngießers. Doch das Geld war gut zu verschmerzen, hatte doch die Spieluhr weniger als erwartet gekostet. Nun, sie war gebraucht, nicht so ganz in Ordnung. Aber das konnte der gelernte Hammerschmied beheben. Schließlich reparierte er ja auch Uhren für seine Kundschaft.

Schwitzend – Spieluhr und Dröppelmina hatten schließlich ihr Gewicht – kam er abends zu Hause wieder an.

Und schon frotzelte er Karls Mutter: „Du bekommst zu Weihnachten etwas Glänzendes, was Du immer schon gerne haben wolltest."

So gingen Mutter und Sohn erwartungsvoll am Weihnachtsmorgen in das Bescherungszimmer. Die Kerzen brannten, und – der Tannenbaum drehte sich auf einer braunen Spieluhr nach der Melodie des Fehrbelliner Reitermarsches. Ein Weihnachtslied hatte der Vater nicht mehr auftreiben können.

Karl nahm das alles nicht so recht wahr. Er suchte sein Pony und erwartete, nachdem eine Zeit vergangen war, daß der Vater hinausging, um mit „seinem" Pferdchen wieder in die Weihnachtsstube zu treten. Statt dessen zeigte der Vater jedoch auf die immer noch den Reitermarsch spielende Orgel und sagte: „Dies, mein lieber Karl, ist dein Geschenk; ich glaube, das Christkindchen hat das Rätsel bestens gelöst."

Karl, der sich schon hoch zu Roß durch Vieringhausen hatte reiten sehen, kamen die Tränen der Enttäuschung. Doch tapfer kämpfte er mit sich selbst. Niemand sollte seine Enttäuschung merken, weder die Eltern, die guten, noch die Geschwister. Die Spieluhr war ja so teuer. Es gelang ihm. Alle glaubten, Karls Tränen seien Freudentränen.

Dann wurde die Mutter beschert. Behutsam trug der Vater die Dröppelmina herein. Im Schein der vielen Kerzen funkelte die Kanne wie ein Brillant. Da wurden Mutters Augen ebenfalls naß, so enttäuscht war sie.

Nun gab es wieder keine goldene Kette. Wie der Sohn, so meisterte auch sie die Lage, und die Familienangehörigen nahmen an, beiden sei großes Glück widerfahren.

Gegen zehn Uhr kam Erich atemlos in die Weihnachtsstube geschneit: „Denk dir, Karl, die Dora hat diese Nacht ein Fohlen bekommen. Es ist sooo klein und lieblich", rief er begeistert.

„Komm schnell mit, du mußt es dir ansehen!" Im Pferdestall des Exportkaufmanns fanden die beiden

das Fohlen, auf unsicheren Beinen stehend. Die sonst so böse Dora lag friedlich im Stroh. „Nein", stieß Karl hervor, „wie schön es ist."

Der alte Hannes stand dabei und lächelte. Er hatte doch recht gehabt. Die Stute war trächtig, als man sie kaufte. Die Schausteller hatten es wohl auch nicht gewußt, sonst hätten sie bestimmt weit mehr Geld dafür verlangt.

Beide Jungen vergaßen, daß sie sich ein Pony gewünscht hatten. Erich hatte auch keins bekommen. „Mein Vater sagt", erklärte Erich feierlich und schon heiser ob der überstandenen Aufregungen, „ich dürfte das Kleine taufen. Welchen Namen gäbst du?", vergessend, das er für „sein" Pony seit Wochen einen Namen bereit hatte.

„Wir sollten es Hannes nennen, wie er heißt", und Karl wies auf den Fuhrknecht, „er hat uns schön aufgezogen und dennoch beinahe recht behalten. Wenn schon kein Pony, dann eben ein Fohlen." „Prost auf das Fohlen Hannes", meinte der Fuhrknecht und zog seinen Platte-Kaal aus der Tasche, um einen kräftigen Schluck zu nehmen.

Als nachmittags zum ersten Mal die Dröppelmina auf dem Kaffeetisch stand und das köstliche Getränk spendete, fand Karls Mutter, daß sie eigentlich noch nie einen so schönen Weihnachtskaffeetisch gehabt habe und war nun so recht mit sich und dem Weihnachtsgeschenk zufrieden. Dröppelmina und Spieluhr sind auch heute noch in derselben bergischen Familie. Pony und Goldkette, wo wären sie heute? Wer wüßte noch davon, wen erfreuten sie noch?

Schaukelpferd mit Jockei aus Blech. Sogenanntes Pfennigspielzeug (Penny Toy), 9,5 Zentimeter lang. Im Bauch des Pferdchens befanden sich Liebesperlen (bonbonartige, kleine Pillen), die durch einen Schieber entnommen werden konnten (zu „Weihnachtsangebote im Außenbezirk" und „Blechspielsachen waren zu Weihnachten heiß begehrt").

Blechspielsachen waren zu Weihnachten heiß begehrt

In den Fernsehprogrammen vieler Sender erscheinen in letzter Zeit oft Tierfilme. Lang und breit – weil es so gut ankommt – werden dort die Kinderstuben von Füchsen, Löwen, Tigern und anderen höherstehenden Vierbeinern gezeigt. Das wilde Balgen der Jungen wird als Spielen bezeichnet. Sie lernen so „spielend", sich auf das spätere Leben einzustellen. Gleichzeitig sind es auch Rangkämpfe um die Stellung unter den Geschwistern. Auch unsere Kinder ahmen die Welt der Erwachsenen nach. Im Gegensatz zum Tiernachwuchs benutzen sie dafür oft Geräte, die wir ihnen in die Hände geben, schon in der Wiege. Diese Teile nennen wir Spielsachen, auf plattdeutsch Spellsaken oder Spelltüg. Wann Spielzeug zum ersten Mal in der Entwicklungsgeschichte des Menschen auftaucht, das läßt sich nicht schlüssig beantworten. Funde, die aus der Eisenzeit (Beginn etwa 800 vor Christi) stammen, zeugen vom Vorhandensein primitiver Spielsachen in jenen frühen Tagen. Vorsichtig meinen einige Kenner der Materie, es müßte auch schon in der Jungsteinzeit (um 3500 bis um 2000 vor Christi Geburt) äußerst primitives Spielzeug vorhanden gewesen sein. Nur wenige Spielsachen, die wir kennen, sind älter als 250 Jahre. Der „Kinderkram" wurde und wird nur in seltenen Fällen aufbewahrt. Der Müll ist oft seine letzte Station.

Die industrielle Revolution im vorigen Jahrhundert schuf auch auf dem Spielzeugsektor Neues. Durch dünnes Blech, bearbeitet mit entsprechenden Maschinen und Vorrichtungen, konnten Teile beliebig oft und zu Tausenden gleich im Aussehen hergestellt werden. Ein Verkaufskatalog von 1826 führt Spielzeug aus Blech auf, die aber noch rein handwerklich hergestellt worden sein dürften. Im Jahre 1851 konnten auf der Weltausstellung in London zum ersten Mal auf einer solchen Schau Blechspielwaren bestaunt werden. Aus welchem Land diese Teile stammten, ist aus den Unterlagen nicht zu ergründen.

Spielzeugautos aus Blech. Links ein Produkt aus dem Bergischen Land, 11,8 cm lang. Die Firma Stock in Solingen stellte die Limousine etwa in den Jahren von 1925 bis 1940 her. Rechts ein Pfennigartikel (Penny Toy), 12 cm lang, um 1930. Im Vordergrund ebenfalls ein Pfennigartikel aus den 20er Jahren unseres Jahrhunderts, 12 cm lang (zu „Blechspielsachen waren zu Weihnachten heiß begehrt").

Pfennig-Spielzeuge (Penny Toys) aus der Zeit bis in den Ersten Weltkrieg (1914/18) hinein: Sie sind alle unter zehn Zentimeter lang. Die Blechteile aus der deutschen Fertigung hatten trotz des damaligen billigen Preises einen hervorragenden Ruf (zu „Blechspielsachen waren zu Weihnachten heiß begehrt") .

Als Zentrum der deutschen Spielzeugindustrie im vorigen Jahrhundert bis zum Ersten Weltkrieg (1914/18) galt Nürnberg. Bekannte Namen waren Bing (gegründet 1863/65), Carette (gegründet 1886), Ißmayer (gegründet 1861), Schoener (gegründet 1875), Meier (gegründet 1879). Ein weiterer Schwerpunkt war Württemberg. Die hier beheimatete Firma Märklin gelangte zu Weltruhm.

Wenig bekannt ist, daß auch im Bergischen von 1905 bis etwa 1942 eine Firma Spielwaren herstellte, und zwar Stock & Co. in Solingen. Ein gängiges Teil war eine rote Limousine (11,8 Zentimeter lang), die von ca. 1925 bis ca. 1940 produziert wurde /Abb. auf Seite 105). Mehrere Exemplare sind noch zu bewundern.

Gegen 1900 begann die deutsche Blechspielzeug-Produktion – wie so viele Erzeugnisse der damaligen Zeit – die Hersteller aus anderen Ländern auf Grund der hervorragenden Qualität auszustechen. Der unglückliche Ausgang des Ersten Weltkrieges brachte für unsere Spielwarenhersteller zwar Rückschläge, im großen und ganzen behaupteten aber die einheimischen Blechspielzeugfabriken bis weit in die 30er Jahre ihre führende Stellung in der Welt, so urteilen jedenfalls amerikanische Experten. Der Zweite Weltkrieg allerdings ließ diesen Industriezweig tief fallen. Danach traten die Plastikteile ihren Siegeszug an. Die große Zeit – und das auf der gesamten Erde – des Blechspielzeugs war vorbei. Das Spielzeug, das einst aus Blech hergestellt wurde, umfaßte fast alle Gebiete der Erwachsenenwelt. Nicht nur Autos, Eisenbahnen, Pferdegespanne, bewegliche Figuren, Flugzeuge, Zeppeline, Schiffe, Straßenbahnen, Häuser – vor allem Bahnhöfe –, Karussells, Riesenräder, Käfer und viele Dampfmaschinen mit den dazugehörigen Anlagen (ganze Fabriken), Kochherde, Küchentöpfe, Geschirr, Nähmaschinen und Kaffeemühlen entstanden aus Blech, zuerst gelötet, dann mit Schlitzen und Zungen (Laschen) montiert. Diese Zusammenbauart blieb bis zum Ende der Blechspielzeugherstellung maßgebend. Nur waren diese unerläßlichen Montagehilfen um 1938 nicht mehr so sehr an auffälligen Stellen plaziert wie noch um 1910, sondern an weniger dem Auge zugewandten Blickfeldern angebracht. Zu Anfang bemalten (lackierten) gewandte Hände die Artikel, später kam ein Druckverfahren zur Anwendung, das – grob vereinfacht ausgedrückt – dem Papierabziehbilder-Schema gleicht.

Das Gebiet des Blechspielzeugs ist riesig. Kenner der Materie bezeichnen manche aus diesem Werkstoff hergestellte Stücke als kleine Kunstwerke. Die Größenverhältnisse gehen von wenigen Zentimetern bis zu einem Meter (wenn es sich um Schiffe handelt). Ganz besonders reizvoll sind jedoch die Pfennigspielsachen, die unter dem Namen „Penny Toys" in der Fachwelt bekannt sind. Ein renommierter amerikanischer Sammler gerät geradezu ins Schwärmen, wenn er von den Winzlingen aus deutscher Produktion spricht, die fast alle mit dem Gütezeichen „Made in Germany" oder nur mit „Germany" versehen sind. Man wundert sich, wie solch „billiger Kinderkram" derart sorgfältig hergestellt werden konnte. Das Schaukelpferdchen mit Jockei (Abb. auf Seite 104) ist nur 9,5 Zentimeter lang. Des Pferdchens Körper war mit Liebesperlen (bonbonartige, kleine Pillen) gefüllt, die durch einen Schieber entnommen werden konnten.

Die untere Abb. auf Seite 105 zeigt ebenfalls Pfennig-Spielzeug aus der Zeit vor 1914, lediglich das „Gulaschkanonen-Auto" (Feldküche, erkennbar am weißen Kessel) ist spätestens 1916 erstmals entstanden, denn in dem Jahr verschwanden die Pickelhauben, kam der Stahlhelm auf. Die abgebildeten Kleinstspielsachen, die sogenannten Penny Toys, sind alle unter 10 cm lang. Ganz einfache „Autöchen" ohne Boden und mit nicht maßstabsgerechten Rädern, meist einfarbig, konnten noch 1935 in der Conditorei (mit Café) des Gerhard van Wirdum in der Elberfelder Straße 21 zu Remscheid gekauft werden, für fünf Pfennig oder einen Groschen.

Gut erhaltene Spielsachen aus der Zeit vor dem Ersten Weltkrieg gibt es nicht allzuviel. Meist sind sie auch noch beschädigt oder der Lack läßt zu wünschen übrig. Immerhin war es Kinderspielzeug, und Kinder gehen oft nicht zärtlich mit ihren Gerätschaften um. Eine Faszination geht heute allemal von ihnen aus: Gedanken an die eigene Kindheit, Rückblicke an unbeschwerte Weihnachtstage.

Ein Weihnachtszimmer, wie es die Ansichtskarte von 1901 zeigt (Abb. auf Seite 52), kannten die wenigsten. Puppenstube, Puppenwagen, Kinder-Waschzuber, Schaukelpferd, darauf der Sohn in Ulanenuniform mit dazugehörigem Helm und Trompete, Kanone mit Soldat auf dem Gabentisch: Für die damalige große Kinderschar der einfachen Familien nur ein ferner Traum. Bei ihnen war ein Groschenspielzeug eher auf dem Gabentisch zu finden. Wenn daneben noch ein randvoll gefüllter Weihnachtsteller mit seltenen Leckereien stand, waren Fritz, Karlchen, Elli und Paula sicherlich genauso mit dem Christkindchen zufrieden wie die Kinder in einer großbürgerlichen Prachtstube.

Kochtopf, Wasserkessel und Wasserschiff eines Spielzeugherdes sowie eine Kaffeemühle (6 Zentimeter breit) aus Blech. Die Spielzeuge entstammen aus der Zeit vor 1914 (zu „Blechspielsachen waren zu Weihnachten heiß begehrt").

Eine Kinder-Nähmaschine (19 cm breit), die ein Mädchen 1912 als Weihnachtsgeschenk erhielt. Mit solchen Geräten konnte nicht genäht werden, sie waren in jenen Tagen nicht funktionsfähig (zu „Blechspielsachen waren zu Weihnachten heiß begehrt").

Spielwarenhandlungen von 1879 bis 1913 in Remscheid

1879
Berger, Reinhold
Becker, Wilhelm
Dreßler, Carl
Buchholz, Clara
Duisberg, Wilhelm
Herbener, Hermann
Knipping, Gust. Ad.

Lucas, August sen.
Lucas, August jun.
Paß, August
Schmidt, C. G. P. Sohn
Schmidt, Gottlieb
Stengler, Otto
Schwindt-Töpfer
Weiß, Gustav

1884
Becker, Schützenstraße 8
Dreßler, Markt 21
Buchholz, Klara, Birgderkamper Straße 8
(heute Alte Bismarckstraße)
Duisberg, Birgderkamper Str. 20
(heute Alte Bismarckstraße)
Heidfeld, Birgderkamper Straße $71^1/_2$
(heute Bismarckstraße)
Herbener, Birgderkamper Straße 23
(heute Bismarckstraße)
Lucas August sen., Alleestraße $9^1/_4$
Lucas August jr., Alleestraße 35
Merten, Peterstraße 1
Paß, Alleestraße 41
Röhrig, Schüttendelle $1^1/_2$
Sieberth, Elberfelder Straße 7

GESEGNETE WEIHNACHTEN

Puppen waren und sind für Mädchen das beliebteste Spielzeug. Die Weihnachtskarte stammt aus der Zeit um 1910 (zu „Spielwarenhandlungen").

1893
Breßler, Markt 5
Duisberg Wwe, Bismarckstraße 17
Heidfeld, Bismarckstraße 103
Lucas Fritz, Alleestraße 44
Lucas Otto, Alleestraße 6
Maar, Feld 27
Menz, Steinberger Straße 21
Merten, Peterstraße 10
Paß, Feld 40
Röhrig Jul., Alleestraße 57
Röhrig Rob., Königstraße 1
Völker, Feld 33a

1899
Ehrlich und Comp., Markt 19/20
Leop. Ehrlich, Alleestraße 32
Lucas, Alleestraße 44
Merten, Peterstraße 10
Röhrig, Königstraße 1
Tietz Leonhard, Alleestraße 13
Aug. Heidfeld Nachf.,
Bismarckstraße 103
Wirth, Alleestraße 6

1904
M. Bär, Alleestraße 5a
Ehrlich & Comp., Alleestraße 33b
August Heidfeld Nachf.,
Bismarckstraße 103
Lucas, Alleestraße 44
Röhrig, Königstraße 1
Leonhard Tietz, Alleestraße 13
Wirth, Alleestraße 6

1910
M. Bär, Alleestraße 6
Wilh. Duisberg Nachf., Bismarckstraße 20
August Heidfeld Nachf., Bismarckstraße 99
Merten, Ed., Peterstraße 30
Walter Sieberth, Elberfelder Straße 8
Leonhard Tietz AG, Alleestraße 17

1913
M. Bär, Alleestraße 6
Aug. Heifeld Nachf., Bismarckstraße 99 u. 126
Merten, Ed., Peterstraße 30
Pohlig Art., Elberfelder Straße 1
Reppel, Karl, Alleestraße 44
Sieberth Walt., Elberfelder Straße 8
Leonhard Tietz AG, Alleestr. 13-17

*Eine Markenpuppe aus dem Jahre 1992.
Seit 1896 haben Produkte dieses Herstellers
ein besonderes Zeichen. Der abgebildete
Puppentyp kam erstmals 1935 heraus.
Puppen sollten schön sein und liebreizend
aussehen, denn sie prägen den Geschmack
der heranwachsenden Generation mit.
Grimassengesichter sollte man unseren
Kindern nicht zumuten
(zu „Spielwarenhandlungen") .*

Lenneper Weihnachten im Jahre 1894

Was boten im Jahre 1894 Vereine und Organisationen an öffentlichen Weihnachtsveranstaltungen in der damaligen Kreisstadt Lennep? Einen Hinweis zuvor: So früh und so zahlreich wie heute fanden sie nicht statt, und es kann leider nur über jene wenigen Veranstaltungen berichtet werden, die in der Presse angekündigt worden sind.

Den Beginn der Weihnachtsfeiern machte die Kleinkinder-Schule am Freitag, dem 21. Dezember, von 9.30 bis 11.30 Uhr, wohl in den Räumen des jetzigen Kinderhauses Westerholt in der Hardtstraße. Getragen wurde die Feier vom evangelischen Frauenverein. Am gleichen Tag hatte der Gesangverein Eintracht im Berliner Hof sein 31. Stiftungsfest. Auf dem Programm stand ein Konzert zugunsten der Armen. Man darf annehmen, daß wenige Tage vor dem Fest am Ende der Darbietungen die Kapelle weihnachtliche Weisen aufspielte.

Während der erste Feiertag der Familie, den Freunden und Nachbarn vorbehalten war, hieß es am zweiten: auf in die Öffentlichkeit. Nicht nur in Lennep, überall im Land gab es Konzerte, Festbälle und Tanzvergnügungen. So hatte die Freiwillige Feuerwehrkapelle

Abb. 82 Das Lokal Tocksiepen um 1905. Wie auf der Ansichtskarte (Lithographie) zu lesen ist, „erstes Vergnügungsetablissement von Lennep, Sommeraufenthalt in schönster Lage". Kahnteich, Karussell und Schiffschaukel sind hinter den Gebäuden aufgebaut. In der Ferne lockt ein kleiner See zur Kahnpartie. Wie auf allen gezeichneten Ansichtskarten, wurde auch hier verschönt und hinzugefügt.
Zu Weihnachten 1894 „empfahl sich das Lokal für die Festtage bestens" (zu „Lenneper Weihnachten im Jahre 1894").

Lennep zu einem „Konzert, verbunden mit theatralischen Aufführungen und nachfolgenden Tanzkränzchen", in den Saal der Frau Ruwiedel (Kölner Straße 25) eingeladen.

Der Lenneper Turnverein Frischauf traf sich am zweiten Weihnachtstag, der auf den Mittwoch fiel, im Lokal von Richard Neveling (Schwelmer Straße 25). Angekündigt wurden „theatralische und humoristische Aufführungen mit nachfolgendem Festball". Die Turnerfamilie sah die Stücke „Unverhofft kommt oft" und „Im fremden Revier". Das Vergnügungslokal Tocksiepen empfahl sich für die Festtage bestens. „Der neue Saal", so hieß es, „ist aufs schönste fertiggestellt."

Der evangelische Gesangverein ließ wissen: „Es ist unbedingt erforderlich, daß alle Mitglieder, die die Motette mitgeübt haben, an der Aufführung am ersten Feiertag teilnehmen." Statt des Hallelujas sollte eine Motette „Ehre sei Gott in der Höhe" von J. J. Wachsmann am ersten Feiertag erklingen.

Morgens um 6 Uhr hielt Pfarrer Kattenbusch – von 1889 bis 1925 Seelsorger in Lennep – die Weihnachtspredigt, um 10 Uhr und um 7 Uhr abends

Im großen Saal der Konzerthalle Germania in Remscheid fanden am zweiten Feiertag Aufführungen statt, im Bismarcksaal wurde getanzt. Die Ansichtskarte trägt den Poststempel vom 1. Februar 1900 (zu „Lenneper Weihnachten im Jahre 1894").

Aus der Konzerthalle Germania in der Brüderstraße ging das Remscheider Stadttheater hervor (zerstört 1943).

111

Superintendent Dr. Thönes, Pastor der evangelischen Gemeinde der Kreisstadt von 1874 bis 1895. In allen drei Gottesdiensten ging der Klingelbeutel für den Jerusalemsverein herum. Der Verein war eine Stiftung Kaiser Wilhelms II. Es sollten mit den einkommenden Geldern Kirchen und kirchliche Einrichtungen in Jerusalem unterstützt werden.

Wer sich am nachfolgenden Feiertag seelisch erbauen wollte, durfte dies morgens um 10 Uhr tun, wenn Pfarrer Kattenbusch wieder auf der Kanzel stand. Während die Jugend und das gesetzte Alter Vorbereitungen für die Bälle trafen (einige Veranstaltungen waren sicherlich nicht in der Presse angekündigt worden), konnten sich die ganz Kleinen und die Schüler am „Liturgischen Kindergottesdienst unter dem Weihnachtsbaum" um 5 Uhr nachmittags, ohne „kribbelig" zu sein, erfreuen, schließlich lag die heiß ersehnte häusliche Bescherung schon eineinhalb Tage hinter ihnen. Mancher Weihnachtsteller war wohl zu dieser Zeit leergeputzt.

Wenige Tage später ging ein Jahr zu Ende, das den Baubeginn der Lenneper Talsperre im Panzerbachtal sah, die ersten Arbeiten an der Müngstener Brücke

Die Restauration Deutscher Kaiser in Cronenfeld (heute zu Wuppertal gehörig). Vor dem Ersten Weltkrieg (1914/18) wird das Lokal am zweiten Feiertag gut besucht gewesen sein, war es doch mit Straßenbahnen und mit Eisenbahn gut zu erreichen (zu „Lenneper Weihnachten im Jahre 1894").

erleben durfte, Remscheid das größte Gotteshaus, die Lutherkirche, bescherte und Lennep sich seit über einem Jahr ohne Hohenhagen und Neuenkamp (bis zur Unterführung) begnügen mußte.
Die neue Zeit hatte sich 1894 mit dem ersten Autorennen der Welt angekündigt, das die deutsche Firma Daimler gewann. Und im neuen Jahr, also 1895, sollte Lenneps größter Sohn, Wilhelm Conrad Röntgen, die X-Strahlen entdecken, die ihm zu Ehren im deutschen Kulturraum Röntgenstrahlen genannt werden.

Etwas unterhalb des Röntgen-Museums in Lennep lag das Lokal von Richard Neveling. Am zweiten Feiertag des Jahres 1894 fanden hier theatralische und humoristische Aufführungen mit nachfolgendem Festball statt (zu „Lenneper Weihnachten im Jahre 1894").

Die Lenneper Orgel von 1779 kehrte heim

Die Orgel, so sagen die Experten, ist die Königin der Musikinstrumente. Aus dem Gottesdienst kann sie seit Jahrhunderten nicht weggedacht werden. Besonders in der lutherischen Liturgie hat ihr Klang neben dem Wort des Pastors und dem Gesang große Bedeutung.

Wer einmal im Passauer Dom die größte Orgel der Welt erklingen hörte, wird dieses Erlebnis wohl nie vergessen. Doch auch viele kleinere Orgeln können, von einem guten Organisten bespielt, nachhaltige Wirkung erzielen. In der Vergangenheit waren allerdings viele arme Gemeinden nicht in der Lage, sich ein solch aufwendiges Instrument zu leisten. Die erste nachweisbare Orgel in der Lenneper Stadtkirche wird 1658 erwähnt und stammte von Steffen Schlegel aus Mülheim am Rhein. Schon 1679 berichtet eine

Das Innere der Lenneper Kirche mit den Prinzipalstücken Altar, Kanzel und Orgel sowie dem Kronleuchter, der ursprüngliche von 1787 hängt heute in der Kapelle von Schloß Burg. Neben dem Altar sind Adventskränze aufgestellt (zu „Die Lenneper Orgel von 1779 kehrte heim").

Urkunde von einer großen Orgel, die Heinrich Ambrosius aus Gahlen erbaute.
Im Laufe der nachfolgenden Jahrzehnte nutzte sie sich stark ab, 1726 stellte der Orgel-
bauer Weidtmann aus Ratingen sie wieder her. Während des Stadtbrandes vom
6. Oktober 1746, der bis auf das Minoriten-Kloster, fünf Häuser, eine backsteinerne
Scheune und eine Färberwerkstatt alles zerstörte, fiel mit der Kirche die Orgel den
Flammen anheim.

Lenneps Wiederaufbau ging nur schleppend voran. Am 6. Oktober 1756 wurde die Kirche
neu eingeweiht. Es muß, folgt man den Chronisten, für die fast rein protestantische
Bevölkerung ein erhebendes Gefühl gewesen sein. Aber das, was eine Kirche im Innern
ausmacht, nämlich eine ansprechende Ausgestaltung, war zu dieser Zeit noch nicht vorhanden: Es fehlte das Geld dazu. So wurde der Turm mit der charakteristischen bergischen Zwiebelhaube ebenfalls erst nach 1756 vollendet. An eine Orgel war ohnehin vor-
erst nicht zu denken.

Endlich, nach 1770 – als das grazile Rokoko die Wucht des Barocks abgelöst hatte –
konnte die Anschaffung einer Orgel ernstlich geplant werden. So erteilte der Lenneper
Magistrat – nicht die Kirchenleitung(!) – 1775 den Brüdern Christian und Gerhard Kleine
zu Freckhausen bei Eckenhagen im Oberbergischen den Auftrag, eine Orgel für den Preis
von 2000 Konventionstalern (= 2666 Reichstaler) herzustellen. Um den Wert dieser
Summe ermessen zu können, muß man wissen, daß ein Wasserhammer damals 2000
Reichstaler kostete und ein darin beschäftigter „Hammerknecht" zwei bis drei
Reichstaler pro Woche als Lohn erhielt.

Im August 1779 wurde die Orgel aufgestellt. Sie hatte zwei Manuale und 27 Stimmen.
(in der Originalaufzeichnung der Erbauer sind 29 Stimmen vermerkt). Es gibt keine
Nachricht darüber, ob mit der Orgel auch Altar und Kanzel errichtet wurden, ob somit die
Prinzipalstücke (Altar, Kanzel und Orgel übereinander) aus demselben Jahr stammen. Es
muß aber angenommen werden.

Zur Entstehungszeit hat die Orgel – laut Restaurator Horst Wengerter aus Biesigheim am
Neckar – einen hellgrauen Farbton gehabt. Weiter heißt es: „Die Profilrundstäbe [Zier-
leisten] zeigen vom Grund nach oben eine rote, dann eine grüne [Farbe] und dann darauf eine matte Leimvergoldung ... Die geschnitzten Ornamente hatten eine polierweiße
Fassung." Im letzten Jahrhundert war die Orgel mit einer braunen Maserung (Holz-
imitation) versehen. Die Orgel hat heute einen braunroten Farbton. Im hellen Grau sind
die Rokoko-Ornamente gehalten, die an den Rändern vergoldet sind.

Im Jahre 1791 regte der Kirchmeister Peter Carl Moll an, einen „Reparationsfonds" anzu-
legen; denn 1790 hatte der Organist Johann B. Krause gemeldet: „Die Orgel befindet
sich in einem reparatur-erforderlichen Zustand". Aber erst 1803 kam es zu einer
Renovierung, doch 1824 mußten erneut 100 Reichstaler für eine Überholung ausgegeben
werden. 1885 bezeichnete man die Orgel als völlig
abgenutzt: Sie wurde verschenkt.

Am 15. September 1890 meldete der Pastor von
Hausen im Hunsrück, daß die Orgel angekommen
sei. Die dortige arme Gemeinde sang bis in die
60er Jahre unseres Jahrhunderts hinein zu den
Klängen der „völlig abgenutzten Lenneper Orgel
von 1779"! In Lennep erklang seit 1890 eine
neue Orgel, hergestellt vom Orgelbauer Sauer

aus Frankfurt an der Oder. Wie sooft in der neueren Geschichte Lenneps hatte ein Mitglied der Familie Hardt, und zwar Hermann Hardt, die Anschaffung durch eine Spende von 25 000 Mark ermöglicht.

Im Frühjahr 1967 kehrte die ursprüngliche Orgel aus dem Exil im Hunsrück heim. Sie war dort weiß lackiert, die geschnitzten Seitenteile fehlten. Im Gegensatz zur heutigen Anordnung in der Lenneper Kirche stand in Hausen das Hauptwerk direkt über dem kleineren Rückpositiv. Und das war richtig! Zumindest wurde sie 1779 in Lennep so aufgestellt. Denn: Die vorhandenen Zeichnungen der Brüder Kleine beweisen dies (veröffentlicht von Kh. Kirsch). Nun steht das kleine Werk in der Brüstungswand der verkürzten Orgelempore, die sicherlich weitgehend aus dem 19. Jahrhundert stammt, vermehrt um die notwendigen Restaurierungen, wozu auch der Seitenschmuck des Hauptwerkes zählt. Vom 16. Juni 1968 an unterstützte das königliche Instrument den Gemeindegesang. Doch diese Orgel bereitete – wie in alten Tagen – rasch wieder Sorgen.

Die Firma Rudolf Beckerath in Hamburg wurde mit einer neuen Renovierung beauftragt. Es erfolgte eine gesamte technische Neuausführung mit einer Neu-Intonation (Nachstimmen) der alten Zinn-Pfeifen.

Mit einem Festgottesdienst am 9. November 1980 wurde sie wieder einmal eingeweiht. Das Innere der Kirche mit der historischen Orgel und der für bergische Begriffe bemerkenswerten Rokokokanzel verbreitet die anheimelnde Atmosphäre eines bergischen Bürgerhauses: Kein Farbrausch des Barock, keine lichten Farben des Rokoko, sondern überall der wohnliche Eichenholzton, das Braunrot der Orgel, eine sparsame Vergoldung und das Weiß der Wände prägen farblich die Saalkirche. Mit einem Wort: Eine protestantische bergische Predigtkirche, die im 18. Jahrhundert als die größte ihrer Art im damaligen Herzogtum Berg galt.

Der Altenberger Dom

Abbildungsnachweis

Die Zahlen verweisen auf die Seiten

Sammlung Paul Bulang	16	27	60			
Sammlung Christel Dörpinghaus	35	38	39	40		
Sammlung Jürgen und Maria Feld	30	39	91			
Foto Hans Funke	15					
Historisches Zentrum Remscheid, Abteilung Stadtarchiv	12	31	58			
Foto Siegfried Horstmann	49					
Foto Rolf Löckmann	94					
Sammlung Michael Metschies	51					
Sammlung Rolf Nöding	70					
Foto Gerhard Peters (Exponate aus verschiedenen Privatsammlungen)	45	69	83	101	104 105 (2x)	
	106	107 (2x) 109				
Karl Hermann Pleiß	54					
Privat	26	72	117			
Sammlung Uwe Schellhaus	28					
Foto Fritz Viebahn	55					
Foto Egon Viebahn	7	8	19	24	25	40
	65	78	82	86	87	93
	113	114				
Sammlung Egon Viebahn	11	22	24	29	32	33	34
	35	36 (2x)	37 (2x)	41	42	44	52
	61	62	63	68	73	74	75
	80	89	90	94	95 (2x) 96	97
	98	108	110	111	112	
Foto Fritz Walder (Sammlung Egon Viebahn)	5	53